村野藤吾とクライアント

「近鉄」の建築と図面資料

京都工芸繊維大学美術工芸資料館・村野藤吾の設計研究会 編

国書刊行会

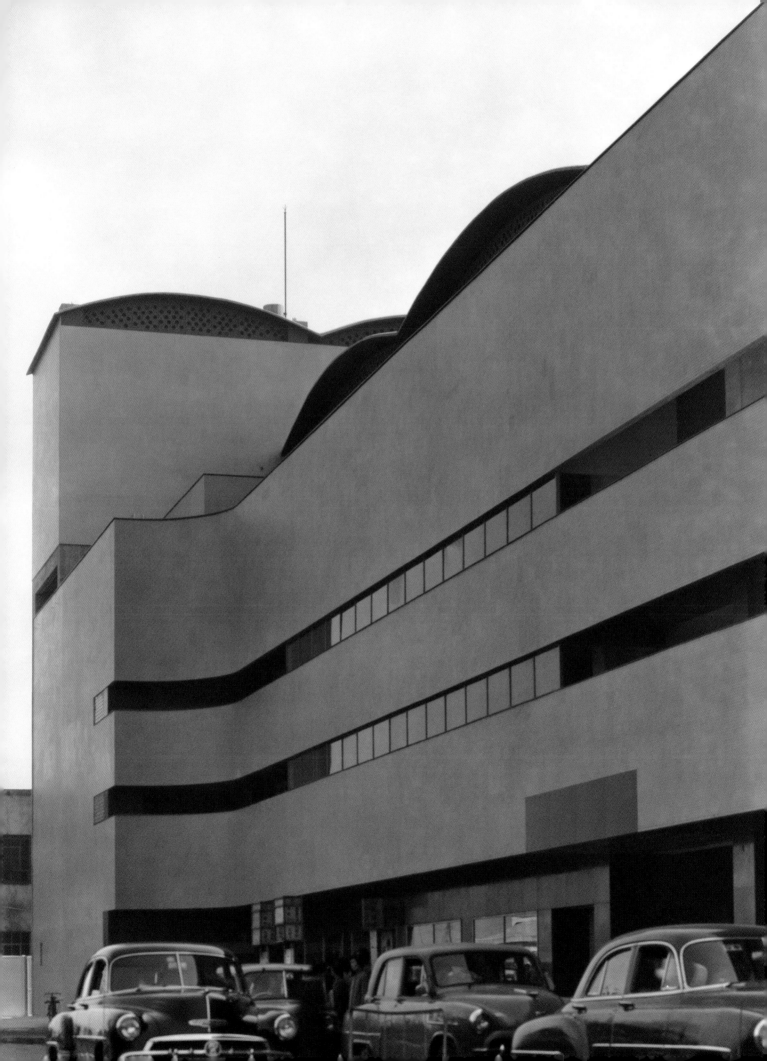

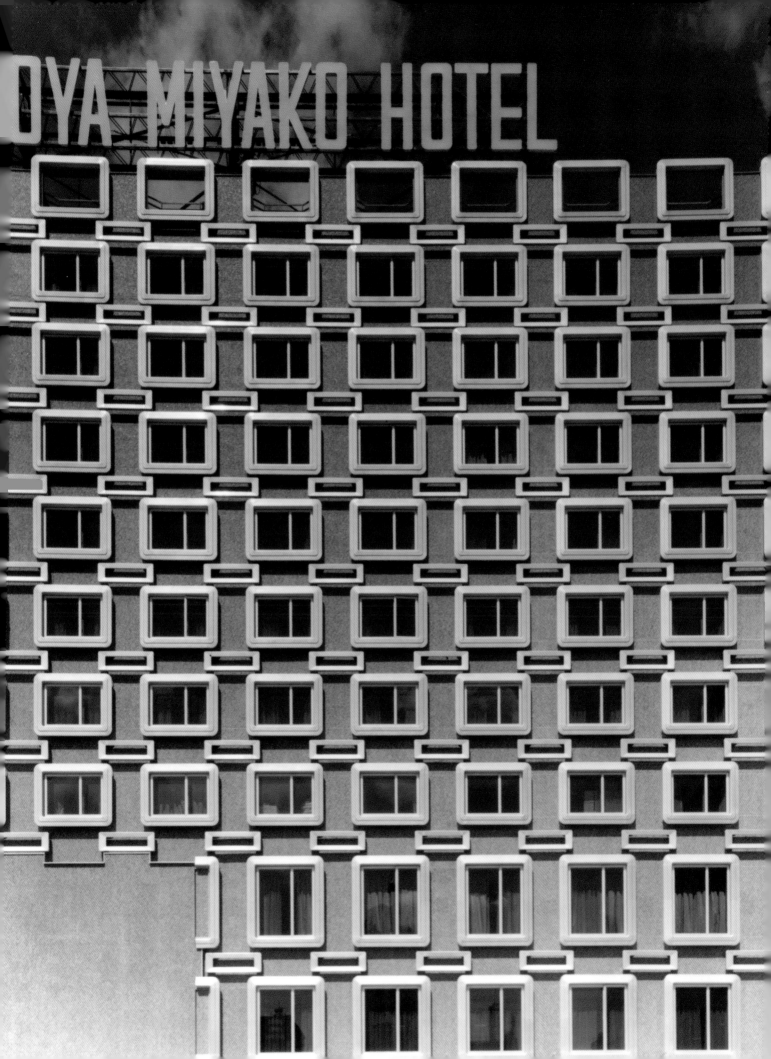

ごあいさつ

　このたび、第14回村野藤吾建築設計図展「村野藤吾とクライアント――近鉄の仕事を通して」を開催する運びとなりました。

　村野藤吾（1891～1984年）は戦前から戦後にかけて多数の建築作品を遺しましたが、その中には同じクライアント（施主）から継続的、断続的に設計を依頼されたものが多数含まれています。大阪や東京を拠点とする大企業が長年にわたって村野のクライアントとなり、豊かな村野の建築作品を支えました。

　代表的な企業として中山製鋼所、湯浅伸銅、大丸（現・大丸松坂屋百貨店）、髙島屋、大阪商船（現・商船三井）、川崎造船所（現・川崎重工業）、西武鉄道などが挙げられます。しかし中でも、戦前から戦後にかけて約50年間にわたって村野にとっての特別なクライアントであり続けたのが、近鉄（近畿日本鉄道）です。

　その仕事は本社ビルや鉄道駅、百貨店、ホテル、劇場、映画館、住宅など、多岐にわたっています。多数の来場客を迎える都市的な施設が多く、その建築空間には、いかにクライアントの要求に答えいかに来場客をもてなすか、という難しい課題に対する村野の回答が表現されていると言えます。

　今回の展覧会では、近鉄を事例として取り上げながら、村野とクライアントの関係に焦点を当て、ひいては「近代建築とクライアント」という、これまで見過ごされてきた大きなテーマについて考えるための契機にしたいと思います。現存する作品を撮り下ろした現況写真や原図や模型などの資料を通して、村野の世界の一端に触れていただければ幸いです。

　最後になりましたが、この展覧会を開催するにあたり、快く貴重な資料の提供や写真撮影の許可をいただいた近鉄グループの関係者各位に対し、心より感謝申し上げます。

2017年3月

主 催 者

目　次

巻頭グラビア　撮影：市川靖史・多比良敏雄　　1
ごあいさつ　　17
目次
巻頭論文：村野藤吾におけるパトロネージ──近鉄から見た　　石田潤一郎　　20

〈作　品〉

あやめ池温泉場（1929年） ·· 23
論考：近鉄との結びつきの原点　　石田潤一郎

都ホテル（1936-88年） ··· 31
論考：累層する賓礼のかたち　　石田潤一郎

橿原神宮駅（現・橿原神宮前駅）（1939年） ································· 45

アポロ座（1950年） ·· 49
論考：商業建築としての劇場　　小谷川勝

志摩観光ホテル（1951・69・83年） ·· 57
論考：歴史とともに歩む「華麗なる」志摩観光ホテル　　福原和則

近鉄会館（1954年） ·· 73
論考：1%に託した建築家としての矜持　　松隈　洋

近映会館（1954年） ·· 81

近鉄百貨店阿倍野店（1957・58・64年） ··································· 85
論考：クライアントとしての建築家──近鉄百貨店阿倍野店の村野藤吾　　笠原一人

名古屋都ホテル（1963年） ··· 99
論考：Commercial Elegance　　角田暁治

佐伯邸（1965年） ··· 111
論考：1965年の桂離宮──佐伯邸の描線　　安達英俊

上本町ターミナルビル・近鉄百貨店上本町店（1969・73年） ··········· 119
論考：高級百貨店を表現する素材と窓　　平井直樹

近鉄本社ビル（1969年） ··· 129
論考：リズミカルな美しさの中に　　豊田充広

賢島駅（1970年） ··· 137
論考：志摩リゾートの"ゲートウェイ"　　西島業士

近映レジャービル・アポロ（現・きんえいアポロビル／1972年）·· 145
論考：生まれ変わる都市のアイコン　三宅拓也

都ホテル大阪（現・シェラトン都ホテル大阪／1985年）··· 155

インタビュー：中山勉氏に聞く　近鉄と村野藤吾　（聞き手：石田潤一郎・松隈洋・福原和則・笠原一人）　162
インタビュー：酒井一光氏に聞く　村野藤吾と近鉄　（聞き手：石田潤一郎・笠原一人）　166

掲載図面データ　170
村野藤吾関連年表　172
謝　辞　173
英語目次・英語概要　174

〈展覧会概要〉

●展覧会
第14回村野藤吾建築設計図展
村野藤吾とクライアント──近鉄の仕事を通して
会　　期：2017年3月21日（火）～6月10日（土）
会　　場：京都工芸繊維大学美術工芸資料館
主　　催：京都工芸繊維大学美術工芸資料館
　　　　　村野藤吾の設計研究会

●記念シンポジウム
日　　時：2017年4月22日（土）14時～17時
会　　場：京都工芸繊維大学　1号館0111講義室
テ ー マ：村野藤吾とクライアント──近鉄の仕事を通して
基調講演：中山　勉（近鉄・都ホテルズ副社長）
　　　　　石田潤一郎（京都工芸繊維大学教授）
事例報告：福原和則（大阪工業大学教授）
　　　　　笠原一人（京都工芸繊維大学助教）
司　　会：松隈　洋（京都工芸繊維大学美術工芸資料館教授）

表紙写真：志摩観光ホテル（1951・69・83年）　撮影：市川靖史（2016年）
裏表紙写真：都ホテル（京都）新本館（1960年）　撮影：市川靖史（2016年）

巻頭グラビア
1.　都ホテル（現・ウェスティン都ホテル京都）宴会場（1939年）
　　撮影：多比良敏雄
2.　都ホテル佳水園（1959年）　撮影：市川靖史（2016年）
3.　都ホテル新本館（1960年）　撮影：市川靖史（2016年）
4.　橿原神宮駅（現・橿原神宮前駅／1939年）　撮影：市川靖史（2011年）
5.　志摩観光ホテル旧館（1951年）　撮影：市川靖史（2016年）
6.　志摩観光ホテル新館（1969年）　撮影：市川靖史（2016年）
7.　志摩観光ホテル新館（1969年）　撮影：市川靖史（2016年）
8.　近鉄会館（1954年）　撮影：多比良敏雄
9.　近映会館（1954年）　撮影：多比良敏雄
10.　近鉄百貨店阿倍野店（1958年）　撮影：多比良敏雄
11.　名古屋都ホテル（1963年）　撮影：多比良敏雄
12.　佐伯邸（1965年）　撮影：市川靖史（2016年）
13.　近鉄本社ビル（1969年）　撮影：市川靖史（2016年）
14.　賢島駅（1970年）　撮影：市川靖史（2016年）
15.　近映レジャービル・アポロ（現・きんえいアポロビル／1972年）
　　撮影：市川靖史（2016年）
16.　都ホテル大阪（現・シェラトン都ホテル大阪／1985年）
　　撮影：市川靖史（2016年）

（凡例）
・本図録は展覧会の内容に沿って構成されている。
・掲載図面下に記されている番号（AN.など）は京都工芸繊維大学美術工芸資料館
　に収蔵されている図面の登録番号である。
・掲載図面に付されたタイトルは、所蔵館での登録名と異なる場合がある。
・掲載図面に付された解説文は、各作品担当者が執筆したものである。
・建物名称は、竣工時の一般名称あるいは村野藤吾による発表時の名称を優先し
　て使用している。

村野藤吾における
パトロネージ
──近鉄から見た

石田潤一郎

図1　佐伯勇氏
（出典：『都ホテル100年史』、都ホテル、1989年）

● はじめに

　建築家に設計を依頼する存在はどう呼ばれているだろうか？　建築士法の法令文では「設計の委託者」あるいは「建築主」と書かれる。丹下健三は「クライアント」と言っており、前川國男は「施主」という言葉を使っている。村野藤吾は「クライアント」と言ったり「施主」と言ったりしているようである。本稿では響きのニュートラルさを重視して「建築主」を使ってみたい。

　建築主は建設資金と建設用地を提供する存在であるとともに、多くの場合、機能上・経済上の要請と意匠面での希望とを提示する主体である。その意向は建築家を規制するものであるとともに、触発するものでありうる。建築作品がなぜこのそのような姿で存在するのか、その固有の意味を見定めようとするとき、建築主についての検討は実は重要な役割を有しているはずである。

　われわれ「村野藤吾の設計研究会」は村野作品をより深く理解するための道筋の一つとして、今回、村野作品と建築主との関係に注目してみた。村野藤吾の作品歴を眺めれば、特定の建築主による一連の業績がいくつもある。個人的なつながりが強いものでは、中山製鋼所（と中山家）、丸栄百貨店（と中林家）、浪花組（と中川家）、出光石油（と出光家）といったところが挙がり、戦前から長期にわたる結びつきとしては宇部興産がある。デベロッパーとしては高橋ビルと大阪ビルヂング、教育機関としては関西大学、甲南女子大がすぐに思いつくところであろう。書き出していくと、こうした村野へのパトロネージの多さに驚くのだが、そうしたなかにあっても、作品の数の多さと質の高さ、ビルディング・タイプの多様さの点で際立っているのが近畿日本鉄道である。

　村野藤吾と近鉄の結びつきは、村野の独立以前にさかのぼり、半世紀以上にわたる。村野が近鉄のために設計した建築物の種類は、鉄道駅はいうまでもなく、本社ビル、百貨店、ホテル、映画館、さらには社長の自邸に及ぶ。それらは個別には分析されてきたが、建築主という共通項を持つ存在としては眺められてこなかった。しかし建築主との関わりという視点から検討するとき、村野藤吾が委託者から何を求められ、そこでどう応えたのかが透視できるのではないか、われわれはそうした期待をいだいたのである。

● 近畿日本鉄道の沿革

　近鉄と村野藤吾との関わりを見る前に、まず近鉄の歴史を概観しておきたい。

　同社の現在の路線は27社を統合して形成されたものである。その出発点は1910年（明治43）9月に設立された奈良軌道株式会社に求められる。もっともこの社名は短命で、同年10月15日には大阪電気軌道株式会社（以下、適宜「大軌」と略記）と改称した。大軌は大阪と奈良を最短距離で連絡することを目指し、両地を隔てる生駒山系をトンネルで貫く工事を敢行した。路線は1914年（大正3）に完成し、上本町・奈良間約31kmが55分で結ばれた。現在の近鉄奈良線である。なお、生駒隧道の難工事を請け負った大林組は工費を肩代わりして自身の経営も危うくしながら施工を完遂した。以後、大軌・近鉄の建設工事はほとんど同社が受注することとなる。

　1916年（大正5）以降、第一次世界大戦による好景気もあって、大軌の経営は順調に推移し、路線延伸を進める積極経営を展開する。まず1923年（大正12）に西大寺から南進して橿原神宮にいたる現在の橿原線が全通、次いで大阪から橿原神宮駅への短絡を目指して、布施（当初の駅名は足代）から八尾を経て桜井までいたる路線を1929年に開通させた（現在の大阪線）。

　大軌はまた、伊勢神宮への連絡を目的として、1920年には八木から宇治山田までの路線を出願した。この路線敷設は別会社の参宮急行電鉄株式会社（以下、参急）を設立しておこない、1931年（昭和6）3月に桜井・宇治山田間の路線約102kmを全通させる。

　さて、関西の電鉄会社は、阪急を筆頭として沿線での住宅地開発や遊覧施設の設置、ターミナル・デパートの開設といった付帯事業にいち早くかつ大胆に取り組んでいる。しかし、参拝・観光客を主たる乗客層とする大軌はこの方面には消極的だった。大軌が沿線開発に力を入れはじめるのは1920年代後半からである。

　土地住宅経営については1916年（大正5）に傍系の東大阪土地建物株式会社を設立して布施、小阪など約6万坪の土地の経営に当たらせた。1924年にこれを合併して本格的に土地住宅経営を開始し、小阪、長瀬、生駒で住宅地開発を進めた。また1923年には河内山本の土地を住友家から購入し、住宅地化している。

　遊園地の開発としてはあやめ池と生駒山上の2か所がある。奈良市東郊の菖蒲池は奈良時代には名所として知られたが、長く顧みられなかった。大軌は早くからこの地に着目し、1926年6月にあやめ池遊園を開園した。同遊園地南方で炭酸鉱泉が湧出したことから1929年にはあやめ池温泉場を開設し、あわせて周辺の社有地を住宅地として開発した。

　生駒山上遊園地は、1922年の生駒鋼索鉄道の合併に端を発する。同鉄道は生駒聖天宝山寺への参拝のために日本最初の営業用ケーブルカーとして1918年に開業したもので、大軌の系列会社

図2　あやめ池温泉場
　　（出典：『大阪電気軌道株式会社三十年史』、大阪電気軌道、1940年）

図3　志摩観光ホテル旧館・西館　（撮影：多比良敏雄）

であった。大軌は宝山寺からさらに300m以上登った生駒山頂付近まで延長し、一帯の草原と山林を開いて遊園地を造成した。第1期工事完成は1929年（昭和4）3月である。1933年にはブルーノ・タウトに依頼して南方の隣接地を敷地とする「生駒山巓小都市計画」を設計させたが、道路形状だけを別荘地部分に採用するにとどまった。別荘は本間乙彦が基本設計をおこなっている。さらに1939年には生駒山観光ホテルを建設した。

百貨店については、1926年に大軌ビルディング内に三笠屋百貨店がテナントとして開業したのが最初である。大軌ビルは上本町駅が大阪市の都市計画上、移設が必要となったことから、本社事務所と商業施設を合わせたターミナルビルとして企画されたもので、大林組の設計施工により完成した。1935年にいたって、大軌は百貨店を直営とすることを決定した。大軌ビル全館を百貨店にあてるために大改装を施して、翌36年9月に開業した。村野藤吾がこの改修設計を担当した。また上本町にはこれらと隣接して1938年5月に映画館として大軌小劇場を建設した。こちらは近鉄会館の前身となる。

さて、鉄道事業に話題を戻そう。大軌・参急は名古屋への乗り入れを目指し、路線敷設免許を取得していた伊勢電気鉄道を合併して、桑名・名古屋間の路線を建設し、1938年6月に大阪・名古屋間を3時間1分でつないだ。41年3月には大軌が参急を合併して、新会社名を関西急行鉄道とした。この時点の関急の営業キロ数は約438kmに達した。

1937年以降、国家による産業統制が強まる中、より大規模な企業統合が進められた。まず1943年2月の大阪鉄道の関急合併である。大阪鉄道は当初は柏原と南河内の諸集落との連絡を目的としたが、1923年に天王寺（現・大阪阿倍野橋）に延伸し、1929年には吉野鉄道を吸収して阿倍野橋・吉野間の直通運転をおこなった。1938年にはターミナル・デパートとして大鉄百貨店を建設するなど、積極経営を展開したが、戦時統制によって消滅する。

ついで1944年6月、関西急行電鉄と南海鉄道とが合併し、近畿日本鉄道株式会社が成立する。営業キロ数は639kmにおよび、私鉄では日本最大の規模となったが、終戦後の1947年に、過大規模であるとして南海電鉄部門を分離し、関急の路線群が近鉄の基幹となった。1960年代以降、企業合同に取り組み、奈良電気鉄道（1963年）、信貴山電気鉄道（1964年）、三重電気鉄道（1965年）、東大阪生駒電鉄（1986年）を合併した。

戦前期は付帯事業の比重は低かったが、戦後は佐伯勇社長（図1）の「総合多角経営」の方針の下、「グループ事業」という位置づ

けで積極的に取り組んでいく。社史に沿って述べれば、戦前からの事業のうち、拡大を図ったのは自動車事業、不動産事業、百貨店事業である。また新規に手がけた分野としてはホテル事業、旅行業、自動車販売事業であるとする。グループ事業の拡大の背景には「首切りのない会社を作らなければならない」という佐伯イズムがあったといわれる。この企業方針が、村野藤吾に活躍の機会を与えることになったのは否定できない。だが、それは単なるめぐりあわせではない。本書巻末のインタビューで中山勉氏が語っているように、佐伯勇は村野藤吾に全幅の信頼を置いていた。建築主が建築に求める役割と、建築家が実現したい価値とが一致する幸運がここに生まれることになる。

● 村野藤吾と近鉄の関わり

村野藤吾と近鉄はどのようにして結びついたのであろうか。資料を眺めていてふと気になったことがある。1920年代後半の一時期、村野は大軌沿線の東大阪市小阪に居住していたのだ。村野が住まいを卜した地というと、後半生を過ごした宝塚市清荒神がまず思い浮かぶ。村野の伝記的事実に詳しい人なら、それ以前には大阪市住吉区松崎町（現在は阿倍野区）に住んでいたことを知っているだろう。そのさらに前、確かめられる範囲では1925年から28年には中河内郡小阪町新喜多12が彼の住所だった。村野は1921年ごろに結婚しているから、家族を持ってこの地に新居を構えたことが想像できる。彼はここから中之島宗是町の大ビルにあった渡辺事務所に通ったのである。大軌で上本町に出て、上六から市電に乗って肥後橋まで行ったのだろうか。

建築上のつながりでは、あやめ池温泉場（図2）がおそらく最も早い。大軌の遊園地開発の最初の例で、1928年9月に着工し、翌29年6月に竣工した。『近代建築画譜』によれば、大軌工務課が設計をおこない、村野はこの設計顧問を務めたとされる。この時点では村野はまだ渡辺節事務所の所員である。独立後の1931年6月には改築設計を手がけている。これにつづく大軌とのつながりとして、先にも触れた1937年におこなわれた大軌ビルディングの改修があり、さらに橿原神宮駅がある。後者は、紀元2600年の祝典にあわせ、1939年に駅舎を一新したものである。設計施工は大林組の担当であるが、村野藤吾が指導というかたちで実質的な基本設計をおこなっている。このそれぞれにおける村野起用の経緯は不明であるが、前者は心斎橋そごう（1933年）の実績が評価されたことが推測される。後者については、宇部市民館、叡山ホテル、大庄村役場が立て続けに完成した1937年・38

図4 近鉄会館 （撮影：多比良敏雄）

図5 近鉄百貨店阿倍野店 （撮影：多比良敏雄）

図6 都ホテル佳水園 （撮影：多比良敏雄）

年に、村野の声望が一挙に高まった時代状況に理由を求めることができそうである。つまりはスター建築家として国家的なモニュメントの指導を依頼されたと考えられるのである。

戦後、志摩観光ホテル（図3）で近鉄と村野はあらためてつながりをもつ。ただ鈴鹿の海軍将校倶楽部を移築してホテル施設に充てるという三重県当局の決定（1949年2月）は、近鉄の志摩観光ホテルへの資本参加（49年10月）よりも早く、近鉄が村野作品の転用というアイデアに関与したわけではなさそうである。

京都の都ホテルについても同様のことがいえる。近鉄社長・佐伯勇が同ホテル会長に就任したのは1957年8月のことで、一連の増改築の発端となるスカイルームの竣工が1959年1月であることから、大拡張が佐伯の敷いた路線のように見える。しかし本学所蔵図面の年紀を見ると田中博社長時代の1956年から村野藤吾による施設拡充の検討は開始されている。

そう考えると、戦後、近鉄のがわから村野藤吾を選んだ仕事の最初は1950年のアポロ劇場、1954年の近鉄会館（図4）、近映会館という映画館主体の商業建築であったといえる。個別の解説にあるようにアポロ劇場などは都市計画道路によってファサードが早晩切り取られるという条件下で設計を進めなければならなかったのだが、村野はそこでも適切で魅力的な解を導いている。こうした真摯な姿勢がやがて佐伯勇の「総合多角経営」に沿って、近鉄百貨店阿倍野店（1957年／図5）、都ホテル佳水園（1959年／図6）といった、企業の顔といえる施設を任されることにつながったことがうかがえる。

●建築におけるパトロネージ

建築職能史の古典的著作である『建築家とパトロン』（F.ジェンキンス）によると、英国では、18世紀の建築主は例外なく「個人としての」パトロンであった。彼らは「依頼した建物に対してごく主体的で、しかもわきまえのよい関心を持ち、質と費用の均衡を保っていた」。しかし19世紀に入ると建築主は「建設委員会」、地方議会、役員理事会といった集団に変わり、経済性が最優先されることとなる。建築家は「工費に注意深く目を配る代理人」として雇われていく。ただ、著者ジェンキンスは19世紀においても、個人としてのパトロンが重要な役割を果たしたことに言及するのを忘れていない。パクストンの庇護者としてロンドン万博において水晶宮の完成に寄与したデヴォンシャー公、G.T.アンドリュースに優れた駅舎を設計させた鉄道の大立者ジョージ・ハドソン、自邸の設計にリチャード・ノーマン・ショウを起用したウィリアム・アームストロング卿（アームストロング砲の開発者）らがそれである。

両者の交錯する時代において建築家が成功するには「高度の技術的能力と建築経済の的確な把握とを創造的才能のもとで結びつける」ことが必要であった。19世紀末における建築家と建築主の最善の関係としてヴォイジーとフィッチ卿が紹介されている。ヴォイジーは経済面では現実的でありつつ、美的問題についてはその立場を守る。彼は言っている──「芸術上の問題はすべて私にお任せ下さい。二つの異なる魂が一つの芸術的成果を生み出すことはないものです」。フィッチ卿もまた、主張すべきは主張しつつ、建築家の助言は素直に受け入れるという、ヴィクトリア朝の中産階級の最良の建築主として振る舞うのである。

こうした19世紀英国の状況は、20世紀の日本においても──より限定され、世知辛くはあっても──見ることができた。特に関西においては、渡辺節と大阪商船、竹中工務店と阪急電鉄・朝日新聞、安井武雄と野村徳七といった強い紐帯が存在した。

戦後に入ると、白井晟一と親和銀行、菊竹請訓とブリヂストン・京都信用金庫、佐野正一と佐治敬三といった連携を見るとはいえ、公共建築の比重が高まり、また「委員会」による事業が大半となる。そこでは個人的な感情──建築家の技量に対する信頼感やパトロンたることの自負心などの計量化しがたい要素は意味を失っていく。そうした中にあって、村野藤吾は、18世紀的な牧歌的世界には生きられなかったにせよ、経済と芸術が交差する19世紀的な世界には間に合い、佐伯勇はじめ多くのパトロネージを得た。

村野藤吾の軌跡は、21世紀の今の建築が置かれている殺伐さにくらべると、まだ恵まれていたという印象を持つかもしれない。とはいえ、経済の論理を受け入れつつ、また進歩する技術を使いこなしつつ、美の領域を守ることは今日もなお、建築に携わるものの責務である。村野藤吾がそれを十全に果たしえたのは、彼の才能による以上に、彼の刻苦によってである。図面はそのことを声低く教えてくれる。

参考文献：
『近畿日本鉄道株式会社100年のあゆみ』近畿日本鉄道、2000年
『大阪電気軌道株式会社三十年史』大阪電気軌道、1940年
『会員名簿』早稲田大学校友会、1925〜28年
フランク・ジェンキンス著、佐藤彰・五島利兵衛訳『建築家とパトロン』鹿島出版会、1977年

あやめ池温泉場

1929年

近鉄の前身たる大阪電気軌道株式会社（大軌）は沿線開発事業の一環として、1926年（大正15）6月に菖蒲池遊園地を開設した。その南方の土地から炭酸鉱泉が湧出することから、1929年7月に開設されたのがあやめ池温泉場である。設計は大軌工務課がおこない、村野藤吾は「設計顧問」として関与したとされる。設計の進行時点では、村野はまだ渡辺節事務所の所員であり、関与の実態については不明な点が多い。表現主義の影響の色濃い意匠で、村野の晩年の作風に相通ずるところが興味深い。 （石田潤一郎）

近鉄との結びつきの原点

石田潤一郎

図1　あやめ池温泉場　建設当初の外観
（出典：『大阪電気軌道株式会社三十年史』、大阪電気軌道、1940年）

●あやめ池温泉場の沿革

　菖蒲池は奈良市西郊に所在する古池で、その由緒は平城京の昔にさかのぼる。大阪電気軌道株式会社（以下、大軌と略記）は、1926年6月、この地に菖蒲池遊園地を開設した。菖蒲池の南方から湧き出る炭酸鉄泉を利用して遊園地と一体化した温泉場を設置することとし、浴場・余興場・食堂などを備える建築物が計画された。これが、ここで紹介する「あやめ池温泉場」（図1）である。

●建築の概要

　建設工事には1928年（昭和3）9月に着手、翌29年6月に竣工し、7月20日に開業した。施工は竹中工務店である。工費は『建築と社会』1930年1月号によると28万円要した。規模は建築面積452坪、延床面積897坪、敷地面積は配置図中の記載によれば約1,135坪である。建物は大きく見て3つの部分から構成される。①L字型をなし、出隅部に主玄関を開く本館と称すべき棟。②その南端から東側に突出する「余興場」と呼ばれる棟。③これら2棟の背後に置かれた平屋の浴場棟—の3部分である。

　このうち、本館は地上2階で一部半地下を有する。半地下階のみ鉄筋コンクリート構造とし、上部は階段室を除き木造である。1階は東を向く隅角部に主玄関を開き、半階上がってホールに至る。余興場棟は鉄筋コンクリート造で地上2階建て、半地下を有する。半地下部分は食堂となる。1階が遊技場、2階が舞台を備えた余興場である。浴場棟は男女それぞれ2棟に分かれ、ともに鉄筋コンクリート造平屋建てで、円形平面をなす。これに取り付く脱衣場、ボイラー室は木造平屋建てとする。

●村野藤吾の関わり

　あやめ池温泉場の設計者については、『近代建築画譜』は「大阪電気軌道株式会社工務課」と記し、「設計顧問　村野藤吾」と付記する。文献上でこの建物と村野の関わりを示すのはこの記載だけである。『建築と社会』では「大軌本社営繕係」とのみ記載し、竹中工務店刊行の『建築写真帖第二輯』では「大阪電気軌道株式会社工務課」と表記している。

　図面の様態はさらに複雑である。現在、京都工芸繊維大学美術工芸資料館には「あやめ池温泉場」に関する図面42枚が収蔵されている。そのうち33枚は青焼き図面で、原図は9枚にすぎない。9枚のうちの7枚には村野事務所印が捺されており、その中の2枚は正式印である。しかし、その2枚に書き込まれている日付は1931年9月8日となっている。図面内容から判断するに、これら7枚は1929年に完成した建物を改築しようとする計画の図面である。その改築の骨子は、余興場棟の2階の階高を上げて映写室を設け、また階段状の客席配置として映画上映ができるようにしようというものであった。最終案とみられる正式印の2枚では、内部の改変に伴って、外装においても、ガラスのカーテン・ウォールが既存外壁の外側にスクリーン状にめぐることになっていた。結果的には、この改築計画は実施されなかった。また原図のうち、村野事務所印が見当たらない2枚は「楽屋及び物置増築」の図面で、これも竣工後、少し経ってからの改造と見られる。

　一方、33枚の青図は1929年竣工の建物の設計図とみて間違いない。だが、これらには作成者名、作成時期などの記入はない。厳格に考えるならば、村野事務所にあった竣工建物の青図は、改築計画を進めるために大軌から渡されたものという可能性が否定できない。実際、青図のうち、4枚には鉛筆の書き込みが残るが、それらは改造計画を検討した痕跡とみられる。

　ただ、『近代建築画譜』は関西建築界全体が関わった出版物であり、そこに「設計顧問」としてことさら氏名を記載した意味は大きい。竣工後2年で改修を依頼されたことから見ても、やはり、少なくとも基本設計では深く関わっていたと考えるべきである。竣工の時点では村野はまだ渡辺節事務所の所員であって、名前を表に出そうとしなかったとしても不思議でない。であるなら、あやめ池温泉場は村野藤吾が大軌・近鉄とつながりを持った最初の建築物ということができる。

●表現主義の残映

　当建築では、外観にも室内にも三次元的にうねる曲面が駆使される。その造形には、第一次ゲーテアヌム（1920年）、あるいはアインシュタイン塔（1924年）からの強い影響があきらかに見てとれる。また南棟の縦長のアーチを連ねた造形は板東義三の邦楽座（1924年）にきわめて近い。1920年代から30年代初頭にかけて表現主義的な造形の建築作品は日本にも多く生まれた。しかしこのあやめ池温泉場ほど大規模で徹底した作例はほかにない。

　戦後は1945年11月から48年9月まで進駐軍に接収されたのち、自然博物館をへて大阪松竹歌劇団の音楽学校に転用されたが、1980年に取り壊された。

参考文献：
『大阪電気軌道株式会社三十年史』大阪電気軌道、1940年
『近畿日本鉄道100年のあゆみ』近畿日本鉄道、2010年

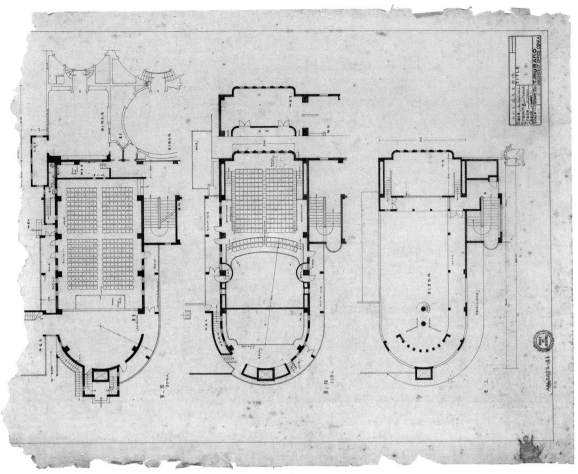

村野事務所の正式印が捺され、1931年9月8日の日付がある。屋上に映写室を設け、1・2階を映画館とする案。　　　余興場平面図　AN.5075-1

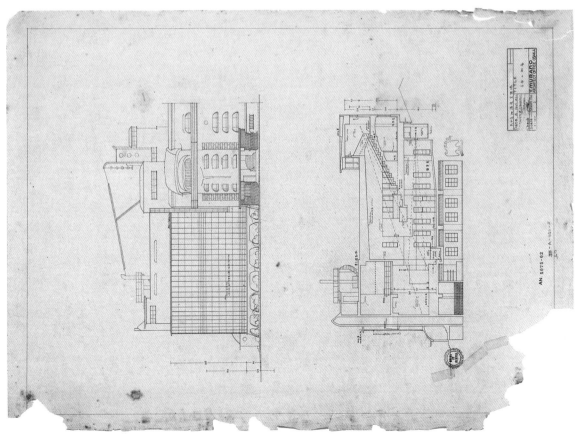

正式印のある2枚のうちの1枚。高さ約10mのガラスのカーテン・ウォールで北側立面を覆おうとする。　　　余興場立面図および断面図　AN.5075-2

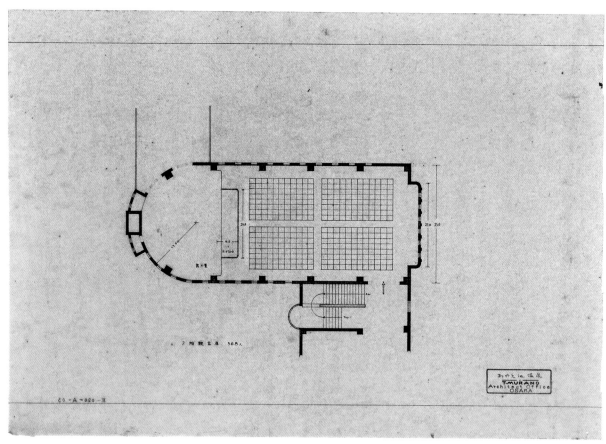

簡易版の事務所印を捺される5枚のうちの1枚。余興場改造の別案。　　　　　　　　　　　　　　2階平面図　AN.5075-3

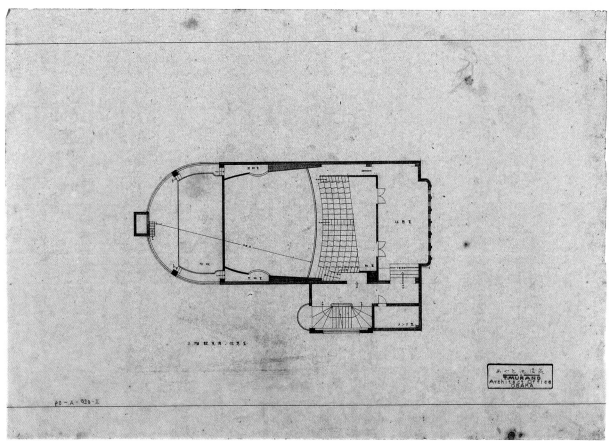

この別案では3階部分を増築して、2・3階を映画館とする。　　　　　　　　　　　　　　3階平面図　AN.5075-4

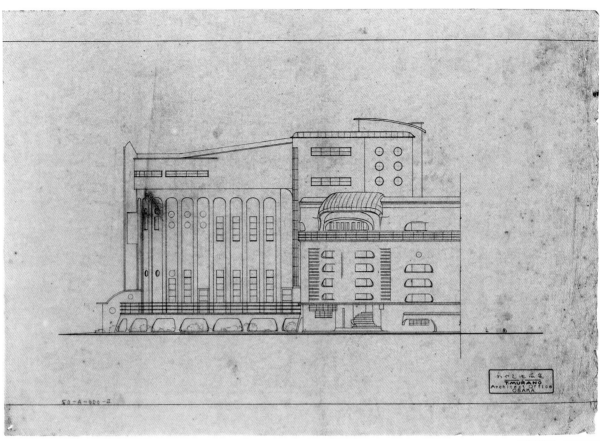

この改造案では階上増築だけで、外壁には変更はない。　　　　　　　　　　　　　　　　　　　　　　北側立面図　AN.5075-7

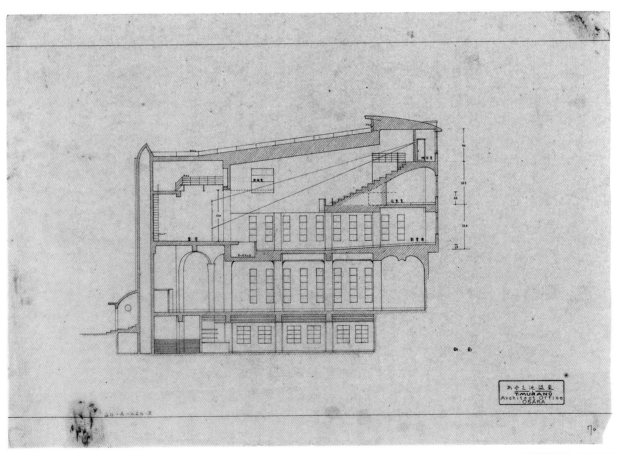

余興場棟の東西断面図。1階遊技場は改造されないが、2階に設けるオーケストラピットの分、天井が下がる。　　余興場断面図　AN.5075-6

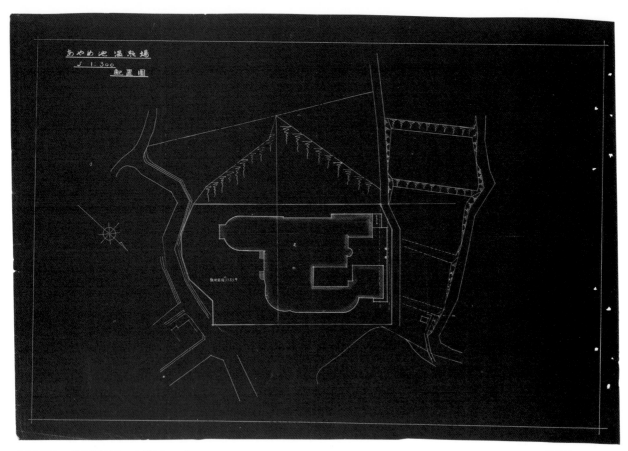

青焼き図面には村野事務所印は一切捺されていない。　　　　　　　　　　　　　　　　　　　　　　　　　　配置図　AN.5075-10

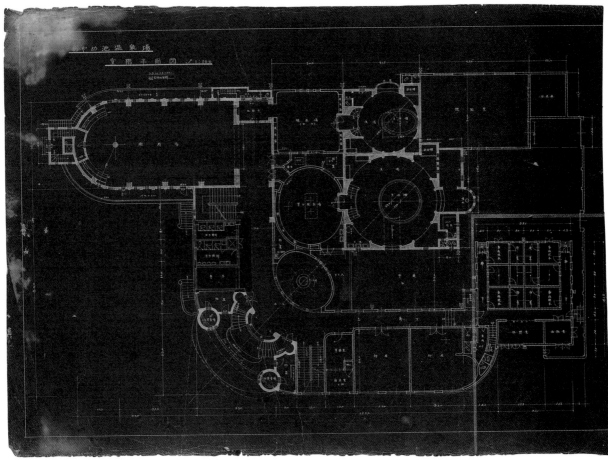

余興場棟に見える鉛筆のスケッチはAN.5075-1の内容と対応する。　　　　　　　　　　　　　　　　　　　1階平面図　AN.5075-12

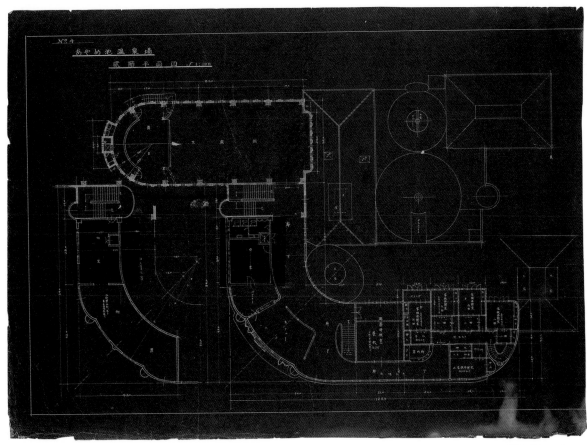

鉛筆で余興場棟の外壁に沿ってスクリーン状の壁をめぐらす検討がされている。　　　　　２階平面図　AN.5075-13

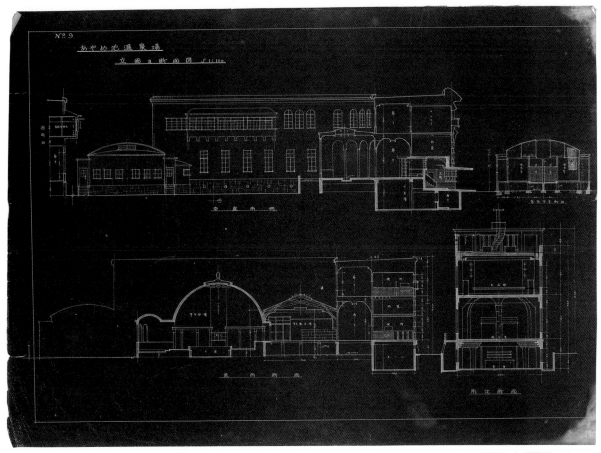

本館と余興場棟の間を東西に切って南を見た断面図２枚と余興場棟南北断面。　　　　　立面図および断面図　AN.5075-15

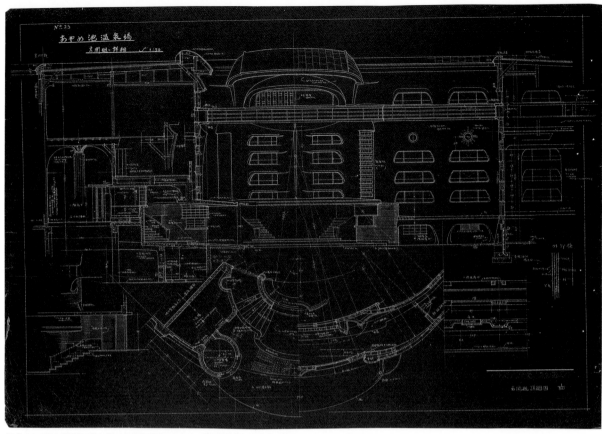

50分の1で平立断面を1枚に納める描法が用いられる。曲面を駆使した造形は実見したかったと思わせる。　　　　玄関廻り詳細図　AN.5075-29

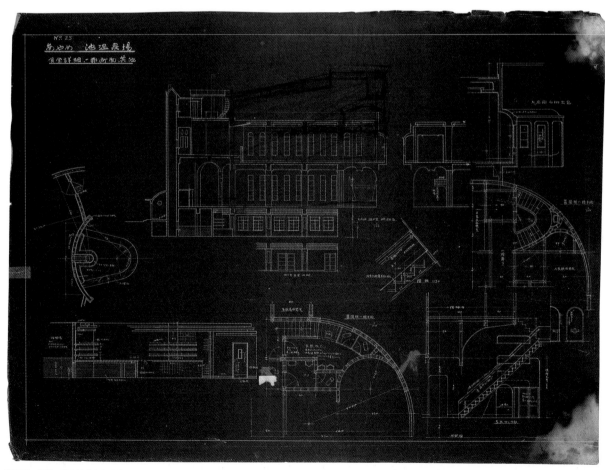

断面図に鉛筆で書き込まれた改造のエスキスはAN.5075-6と対応する。　　　　食堂詳細図・一部断面図ほか　AN.5075-31

都ホテル
1936-88年

新進建築家として抜擢を受けて手がけた5号館（1936年）から、没後の1988年に完成をみた新館まで、村野藤吾は半世紀にわたって都ホテルの設計にたずさわってきた。その敷地は高低差が大きく、狭隘で、設計には困難がつきまとった。さらに現代のホテルにおける規模の巨大化と機能の複雑化とに対処しなければならなかった。そうしたなかで設計された施設の一つ一つが独自の意匠を持ち、それでいて全体として統一感を保っている。それは村野藤吾ならではの達成であった。

（石田潤一郎）

新本館を北西側から見る*

東側屋上から新本館と中庭を見下ろす*

円形ラウンジを見る*

新本館西側ベランダ*

円形ラウンジ*

*撮影：市川靖史（2016年撮影）

累層する賓礼のかたち

石田潤一郎

図1　都ホテル5号館　東側から見た塔屋部分
（撮影：多比良敏雄）

●戦前期の関わり

都ホテルは京都随一の名門ホテルである。村野藤吾は1930年代半ばにこのホテルの設計にたずさわることとなり、その関わりは没後の1988年（昭和63）竣工の新館に至るまで約50年の長きにわたった。本学美術工芸資料館に収蔵されている都ホテルの設計図書は第2原図や施工図まで含めると2,400枚を超える。

都ホテルの起源は1890年（明治23）開業の吉水園にさかのぼり、1900年に洋式の都ホテルが誕生した。1915年に片岡直温が社長となり、1924年にはその養嗣子の片岡安が主宰する片岡建築事務所の設計で鉄筋コンクリート造6階建ての本館を建設した。1936年建設の5号館の設計において村野藤吾は初めて都ホテルに関わる（図1）。そののち、1937年ごろに本館3階ロビーの結婚式場兼宴会場への改造、1938年には和風客室可楽庵の増改築を手がけ、さらに1939年に力作の宴会場を完成させた。

●戦後の展開

都ホテルは終戦後、進駐軍の将校用宿舎として接収される。1952年3月、サンフランシスコ平和条約締結を受けてようやく返還され、ホテルとしての営業を再開できることとなった。これに先立つ1951年3月に近畿日本鉄道が資本参加し、近鉄グループの一角を占めることとなる。

戦後の日本では国策として国際観光の振興が進められ、1950年代後半には訪日する欧米人観光客数は年率20％以上の伸びを示していた。この趨勢に鑑みて、都ホテルは大規模な増改築を進めることとなる。そこにおいて村野藤吾が再び起用される。

●1950年代の大増築

戦後に描かれた図面で最も早いと思われるのは1956年11月の年紀を持つ増築案である。事務所印は「村野、森」以前の簡易スタンプで、検討用の図面であったことがうかがえる。実施に移された最初は、本館の屋上に鉄骨造で載せられたスカイルームである。従来の2～3倍の広さを持つ高級仕様の客室16室、および高低差を利用して5号館との接続部に設けられた和室1棟からなる。1957年3月ごろから設計が開始され、8月ごろには骨格が固まっている。詳細の検討は58年5月まで続けられる。8月1日に着工し、12月20日には竣工、翌59年の元日から営業を開始した。本館は従来陸屋根で、軒先にひさしをつけるにとどまっていたが、スカイルームには銅板瓦棒葺きの寄棟屋根が架けられた。

これにつづいて、敷地南東隅に別館として佳水園が木造で建設された。1959年6月30日に着工、12月20日に竣工を迎えた。この建物は戦後屈指の和風建築として、村野作品のなかでも特に評価が高いが、本学が収蔵する佳水園の図面は施工図が大半で、村野事務所の作成と思われるものは若干の詳細図だけである。

1959年9月30日、新本館が着工する。旧本館を西側に延長して、5号館までコの字型につなぐ平面形である。高低差の大きな敷地のため工事はひとかたならぬ困難を伴った。丘の上に当たる南側がまず1960年3月に竣工、北側に伸びる部分はこの年の12月27日に完成を見た。

その際、旧本館東側にある明治以来の葵殿を除却して、新たな宴会場棟も同時に建設する計画であった。着工直前の1959年8月12日作成とされる図面でも旧館の東側に「大食堂」棟の新築が構想されており、ぎりぎりの設計変更だったことがうかがえる。

新本館は、延べ面積が1万6,600㎡に及ぶ宏壮な建築であった。旧館との外観の調和に配慮しなければならない一方で、風致地区としての規制も受けていた。旧館からファサードが連続する北立面は各階の軒線を旧館と揃えるとともに、窓をいくぶん様式的なポツ窓とした。一方、西立面は西日を遮る必要もあって、各階のバルコニーに薄い庇をめぐらし、大宴会場「華頂殿」を収める最上階の屋根は切妻の破風を連続させ、甍の波を暗示した。

●1960年以降の成果

1963年には本館南側にスカイプールが新設された。村野はそのための施設を佳水園に似通った薄くゆるい屋根を持った和風意匠でまとめた。これにつづいて、1970年の大阪万博に備えた宿泊棟・宴会場棟の新築を手がける。新宴会場は1967年10月に起工、翌68年9月に竣工した。その外観意匠では、2つの縦長の窓が柱をはさんで組み合わさるという60年代の村野がしばしば試みた手法が駆使される。その工事中の1968年2月、南館（11号館）が着工する。アイボリー・ホワイトの平滑な壁面に同じ形状の窓を96個並べるという明快な外観で、細かく分節された新本館と対比的な表現としている。

1988年3月に竣工した新館の基本設計が都ホテルにおける村野の最後の仕事となった。割石を塗り込める低層部外壁の仕上げなど、それまでの棟では使われなかった手法が村野の変化を物語る。なお、新館の設計図書は美術工芸資料館には所蔵されていない。

参考文献：
『都ホテル100年史』都ホテル、1989年

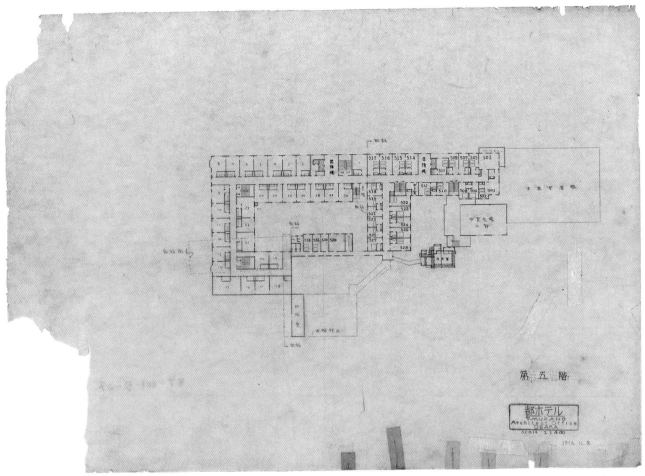

1956年11月8日の日付を持つ増築の検討案。1955年に「村野、森建築事務所」に改称しているが、スタンプは旧名。

第五階　V-1-D-7

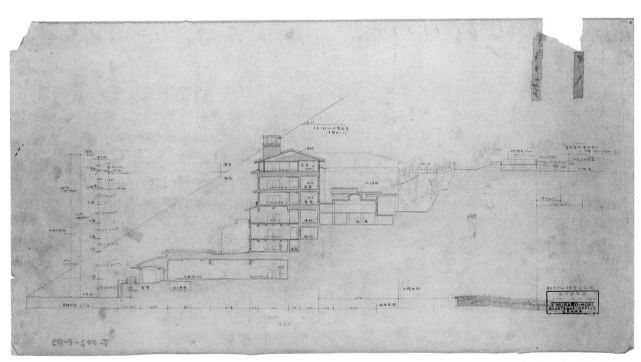

1957年7月16日作成。勾配屋根のかかった最上階部がスカイルーム。斜線制限に配慮しているのは興味深い。

増築設計図　南北断面図　V-2-B-3

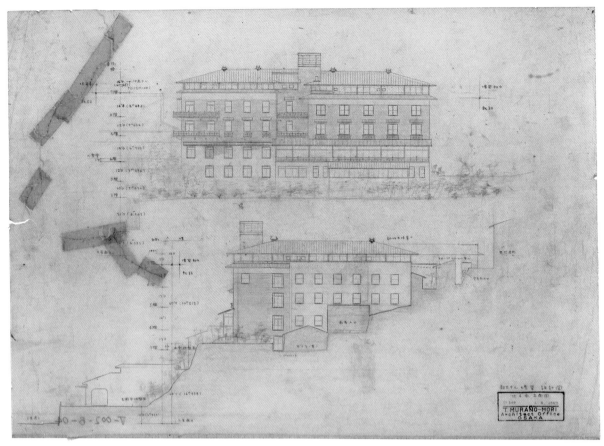

1957年8月1日作成のスカイルーム設計図。旧本館の右側部分は1924年の完成、左側は1928年の増築にかかる。　　　増築設計図　北及西立面図　V-2-B-4

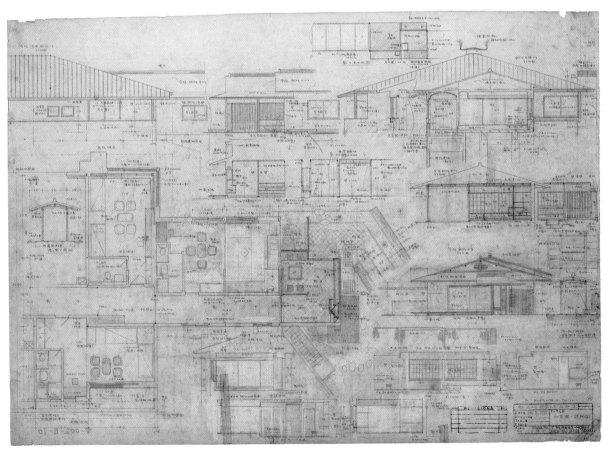

1958年5月24日作成。スカイルーム南端には和室が設けられ、渡り廊下で5号館に接続した。　　　増築工事設計図　和室廻り詳細図　V-2-B-10

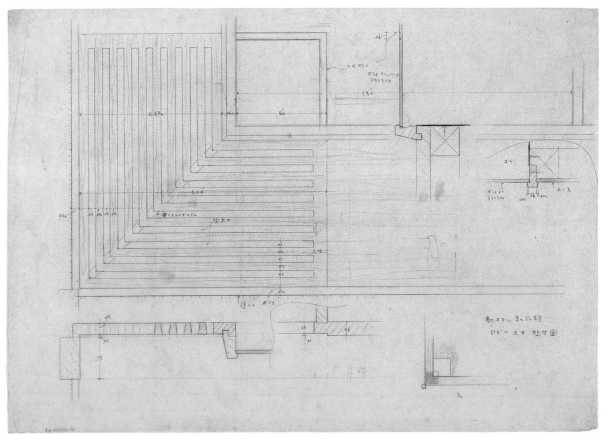

佳水園の名は竣工式の際に命名された。そのため図面ではまだ「和風館」と表記されている。　　　　佳水園（和風館）　ロビー天井現寸図　V-3-A-61

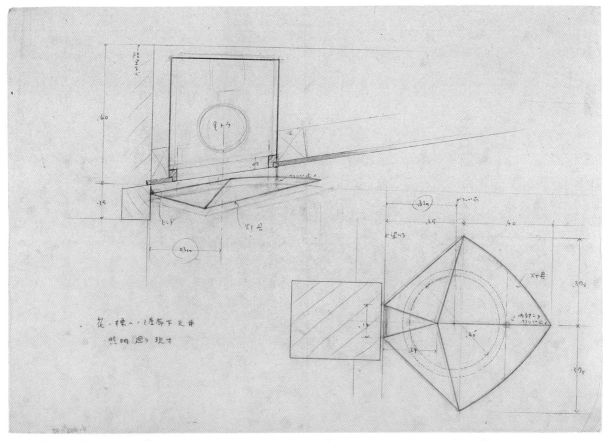

佳水園は「雪」「月」「花」に分かれる。「花」棟は北側の一角。佳水園では多面体の照明が多用される。　　　佳水園　花ノ棟ヘノ渡廊下天井照明廻リ現寸　V-3-A-37

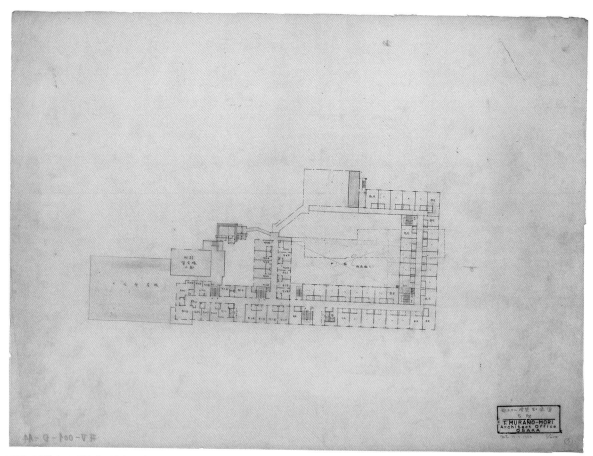

1957年7月時点での新本館の平面。スカイルーム設計と並行して計画された。　　　　　新本館　5階　V-1-D-14

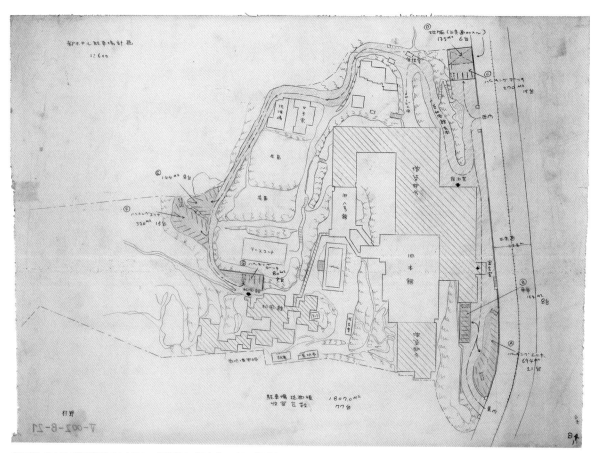

新本館と佳水園の計画段階でのホテルの施設配置。「旧本館」下側の「増築部分」は実施されなかった。　　　　　駐車場　計画案　V-2-B-21

新本館の北側立面。1959年8月12日作成。左側が新本館。旧本館ファサードとの連続性を保とうとする姿勢が見て取れる。　　　　　　　　　　新本館　北側立面図　V-2-A-5

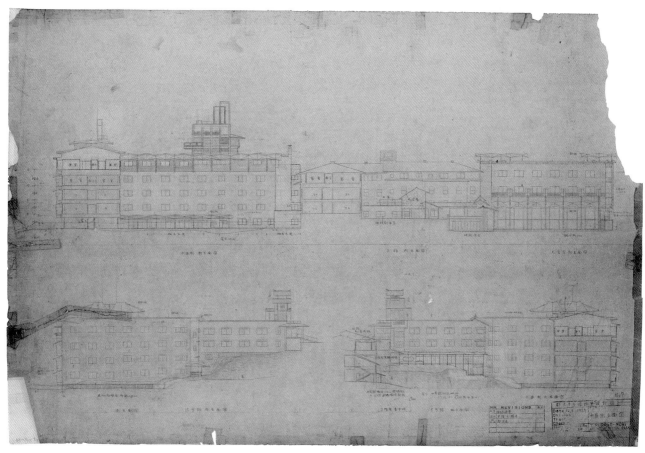

新本館の立面図。上図は中庭から南を見たもの、下右図は北側を見る。下左図はコの字の外から見た南側立面。　　　　　　　　　　新本館　増改築設計図　中庭側立面図　V-5-A-14

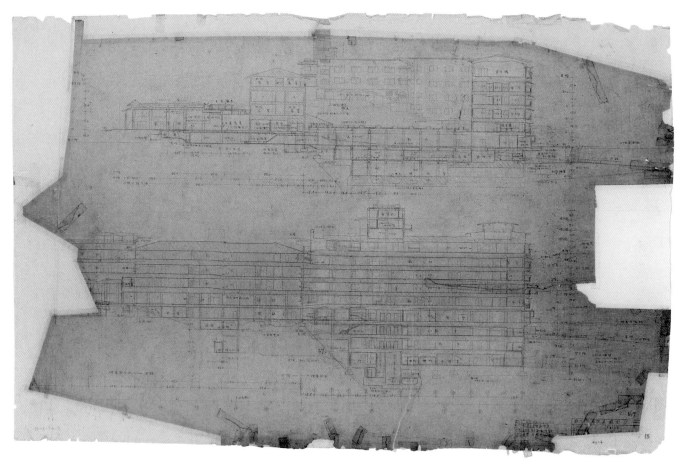

新本館の断面図。上は南寄りの位置で切って、南側を見たもの。奥に旧5号館。下は北側で切った断面図。　　新本館　増改築設計図　本館旧館大食堂（東西断面図）　V-5-A-11

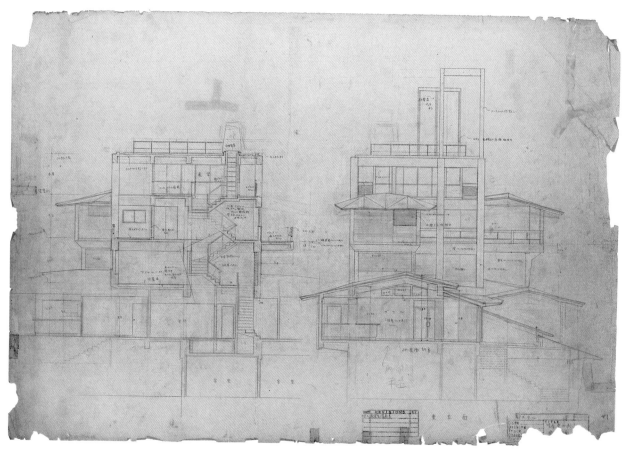

新本館屋上には空調機室や機械室の他、眺望を楽しむべく「ムーンライト展望台」が設けられた。　　新本館　塔屋　東西断面　東立面　V-5-C-26

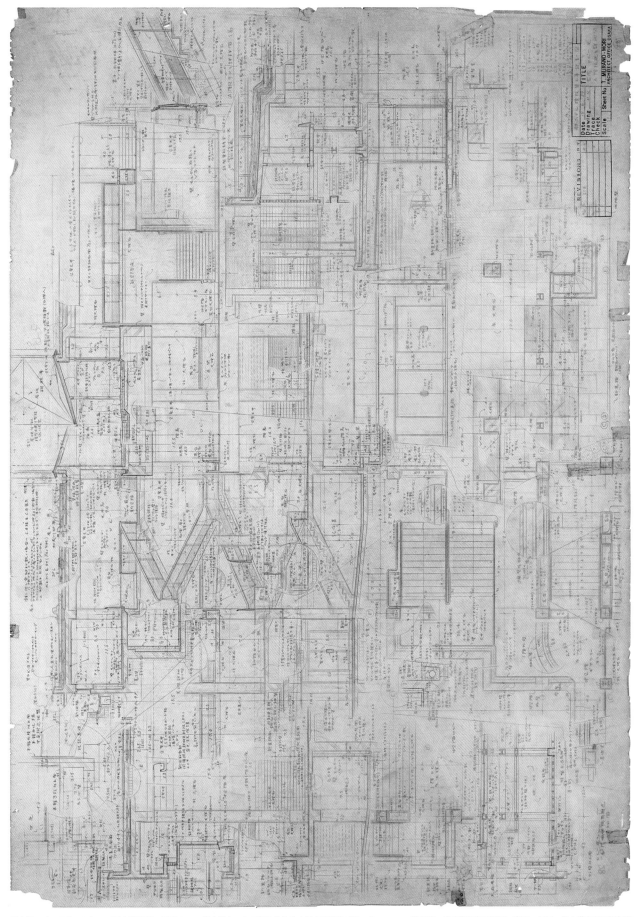

新本館のインテリアにおいて最も印象深い場所の一つが玄関ホールの吹き抜けを上昇する階段であった。　　新本館　増改築工事設計図　玄関、ロビー及びA階段廻り詳細図
V-2-C-28

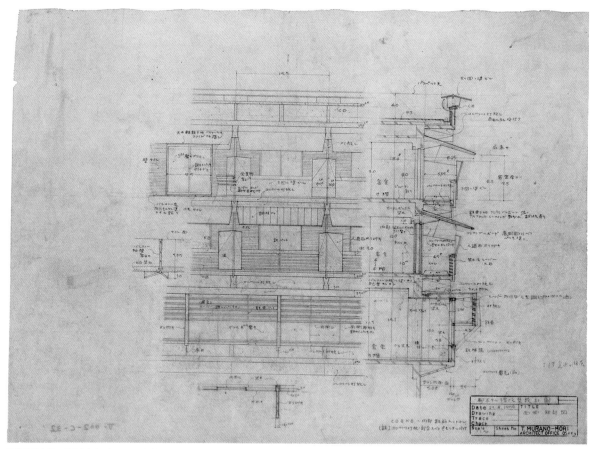

新本館西立面に付けられたバルコニーと庇。　　　　　　　　　　　　　　　　　　　　　新本館　増改築設計図　西側矩計図　V-2-C-32

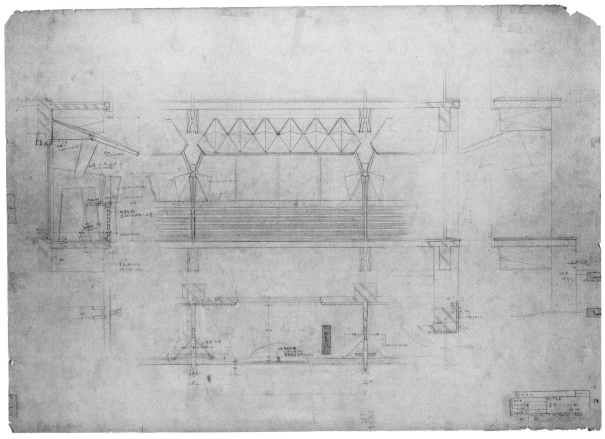

新本館西側立面のバルコニー・ひさしに関する修正案。　　　　　　　　　　　　　　　　新本館　客室バルコン廻り詳細　V-5-B-20

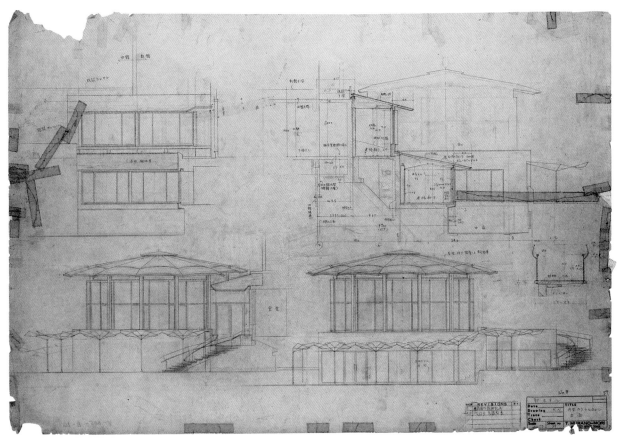

新本館の工事では宿泊棟のほか三条通側に2層の玄関棟を新築した。その屋上に設けられたラウンジ。　　　新本館　カクテルロンジ立面　V-5-B-10

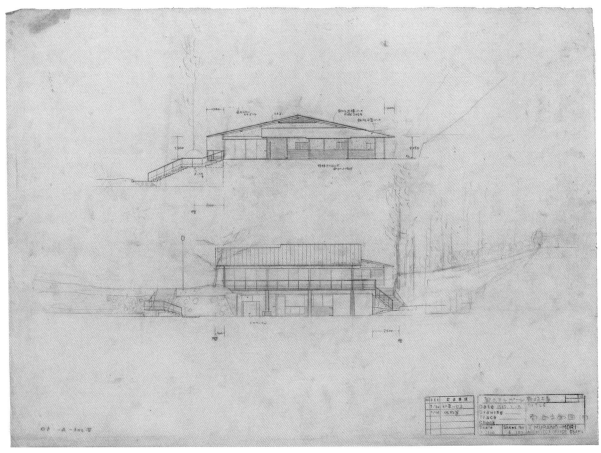

1934年に作られたスカイプールを1963年に更新した際に新築されたシャワー室等を納めた付属棟。　　　プール付属棟　南・西立面図　V-1-A-10

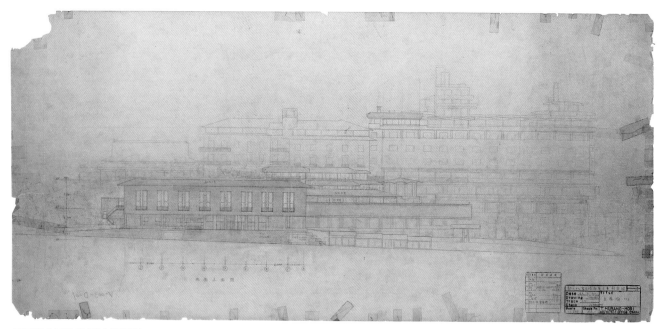

1967年3月作成の宴会場北側立面図。　　　　　　　　　　　　　　　　　　　　　　　　　　　　宴会場　立面図　V-3-D-1

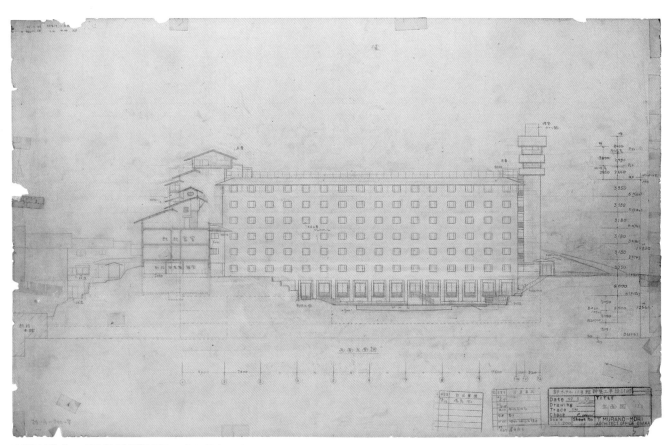

1967年3月作成の11号館（南館）西側立面図。明快さが際立つ。左側の勾配屋根の断面は5号館。　　　11号館　立面図　V-5-A-5

橿原神宮駅
(現・橿原神宮前駅)

1939年

神武天皇即位紀元2600年に当たる1940年に向けて計画された国家的な奉祝記念事業の一つとして、当時の大阪電気軌道（大軌）橿原神宮前駅と大阪鉄道大鉄橿原神宮駅が統合され移設、新たに建設された駅舎。村野が好んだ河内・大和地方の民家形式である大和棟風の建物となっている。鉄筋コンクリート造や鉄骨造に見えるが、「新興木構造」による木造建築である。村野は当初、屋根を檜皮葺か茅葺にしたかったようだが、市街地建築法により可燃材が使えず、大屋根は天然スレート葺き、下部の屋根は瓦葺で建設された。　　（笠原一人）

北東側から見る*

コンコース内を西側から見る*

*撮影：市川靖史（2011年撮影）

寄棟屋根による検討案のスケッチ。周辺のスケッチから、駅前広場に対する立面を重視し、架構はシザーズトラス構造を検討していたことが分かる。　　　　スケッチ（検討案）　XII-2-24-4

実施案に近い姿のスケッチ。大和棟風の屋根や列柱、階段など、実現した建物の主要な要素がみられる。　　　　スケッチ（実施案）　XII-2-24-2

実現した建物とほぼ一致するが、この頃は屋根材を檜皮葺および茅葺とする予定だったと見られる。　　　　　　　　パース（実施案）　XII-2-24-3

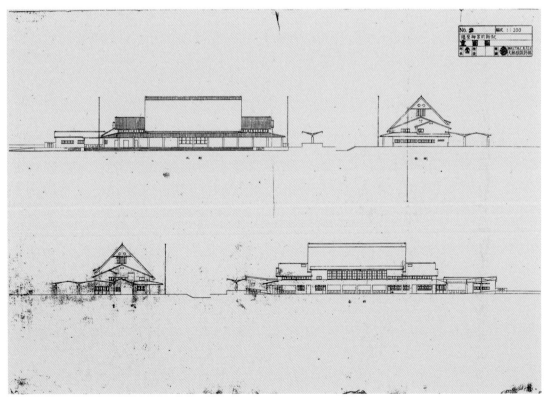

「大林組設計部」の印がある実施図面。図面はマイクロフィルムに記録されて大林組で保管されている。　　　立面図（実施図面）　所蔵：大林組

アポロ座

1950年

1950年に竣工するアポロ座の計画がいつごろ始まったかは定かではないが、戦後の都市計画が定まる以前、敷地も確定しない中、この地にあるべき映画館の姿を検討し、作り上げていく様を残存する図面のなかに垣間見ることができる。それは、村野が同時期に設計していた映画館・劇場のどれとも異なる。しかしながらやはり村野が標榜していた商業建築におけるコマーシャル・ライフを端的に示しているともいえる。

(小谷川勝)

北側から見るアポロ座*

北東側から見るアポロ会館（増築後の名称）*

アポロ会館劇場ホワイエ*

アポロ会館劇場内部*

*撮影:多比良敏雄

商業建築としての劇場

小谷川勝

●沿革

のちに近畿日本鉄道株式会社として統合・名称変更することになる大阪鉄道株式会社は、大阪阿部野橋駅の移設など、駅周辺の開発を進める。その一連の開発の中で数多くの映画館新設もあった。

1944年、大阪鉄道が大軌鉄道に統合され、近畿日本鉄道が発足するのに合わせ、株式会社大鉄映画劇場は株式会社近畿映画劇場（現・株式会社きんえい）と商号を改める。統合に先立つ1942年には、大鉄阿倍野橋劇場を開業している。1950年、その敷地の東側に映画館が建てられることとなる。その建物が本稿で取り上げるアポロ座である。のちに大鉄阿倍野橋劇場跡地に3館の劇場・映画館を擁する建物が村野の設計により増築され、アポロ座と合わせてアポロ会館と呼ばれることとなるが、1970年には近映レジャービルアポロ建設のため、わずか20年という短い期間でその役割を終える。

●図面

京都工芸繊維大学美術工芸資料館に所蔵されている計画案は大きく分けて4種類ある。そのほとんどに図面作成日が記載されていないため、作成した順序を正確に知ることはできない。敷地形状・都市計画道路とのかかわりなどから、仮に順序を付け、それらの図面を第1案から第4案とし、推移を見ていくことで、村野がこの計画に込めた意図を読み解いてみたい。

〈第1案〉

敷地形状も確定しておらず、平面図・立面図に至っては方位も違う形で描かれているが、「APOLLO」の文字が刻まれていることから、最初期の案であると思われる。ファサードには壁面の仕上げとしてモザイクタイルが使われており、そこに大きく「APOLLO」の文字を浮きあがらせている。

〈第2案〉

敷地形状は第1案とほぼ同じである。1階の壁面全体を2階壁面よりへこませ、「APOLO」の文字が躍る2階壁面を際立たせている。また、その壁面の上部にはレリーフが並び、公楽会館（1949年竣工）を思い起こさせるファサードとなっている。

〈第3案〉

配置図には都市計画道路が描かれている。また東西の境界線に対して、北側道路が直角でなくなっていることから、最終案に近い敷地形状のように思われるが、南側敷地境界が広がっておらず、正確な敷地形状が確定できていない。第2案の遠慮気味に後

退した1階の壁面がここでは大きく下げられ、玄関ホール前はピロティとなっている。ファサードにおいては「APOLLO」の文字の上に2階喫煙室のための窓を設けていること、西側の壁面を高くしていることを除き、第2案を踏襲している。都市計画道路によって将来取り壊される予定である壁面にしては過剰とも思える。なお、1階平面図のみならず、2階・3階平面図にも都市計画道路ラインは描かれており、その部分を取り除いても映画館としての機能を満たすことは出来るように考えられている。

〈第4案（最終案）〉

今まで見てきた第1案から第3案までは、劇場平面はすべて南北軸に平行に配されていた。最終案作成の最初期に描かれたと思われるスケッチにおいて、劇場を斜めに配置することを検討している。「近畿映画館敷地実測図」と書かれている図面に赤鉛筆でステージと客席との関係が描かれており、都市計画道路を除く敷地内に劇場機能を収めるために検討した様子が見てとれる。ファサードも前2案とは変わり、北側道路から東側にかけて柱、梁をグリッド状に設け、2階部分にはバルコニーを巡らせている。その内側の壁面には東郷青児の壁画が掲げられている。グリッド状に配する柱・梁がどの時期に発想されたのかは不明であるが、この部分が都市計画道路によりのちに取り壊されるかもしれないといった意識は常にあったであろう。なお、グリッド部分には公開映画の看板が掲げられる。

●まとめ

戦後のこの時期に村野は、アポロ座以外にも数多くの劇場、映画館を設計しているが、どれも異なる表情を見せている。アポロ座においても都市計画道路の決定などがあり、変更を余儀なくされていく中で、公楽会館に似た構成となっていたファサードがより仮設性を際立たせるように柱・梁のグリッドに収斂されていく。後年増築される部分もそのグリッドを踏襲し、元のアポロ座と一体となるよう設計されている。商業建築におけるコマーシャル・ライフというものを常に意識していた村野にあって、北側ファサードにおける柱・梁によるグリッドの構成は、映画館を包み込む包装紙であり、それが持つはかなさを見せるための装置であったかのようである。

参考文献：
『近畿日本鉄道　100年のあゆみ』近畿日本鉄道株式会社、2010年

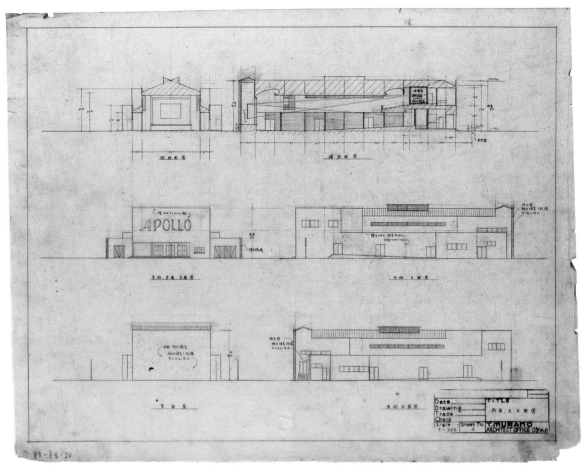

表記されている方位は異なっているが、「APOLLO」の看板が掲げられている。　　　　　　　　　　　　　　　第1案　立面図・断面図　Ⅵ-83-14

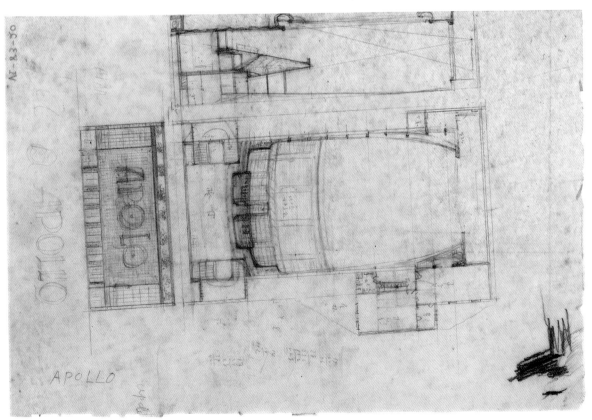

これに基づいた平面図・立面図・断面図も存在する。　　　　　　　　　　　　　　　　　　　　　　　　　　　第2案　スケッチ　Ⅵ-83-20

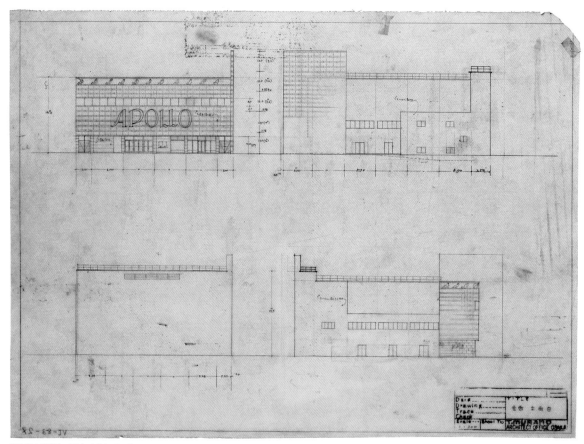

第2案を踏襲してまとめられている。　　　　　　　　　　　　　　　　　　　　　　　　　　　　第3案　立面図　VI-83-27

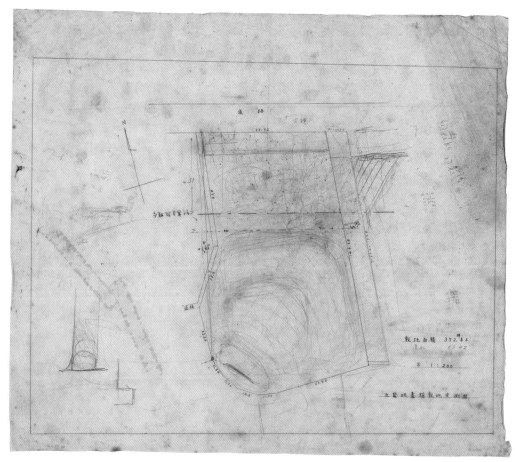

北側都市計画道路部分について検討している様子を見ることができる。　　　　　　　　　　　　第4案　エスキース　VI-77-2

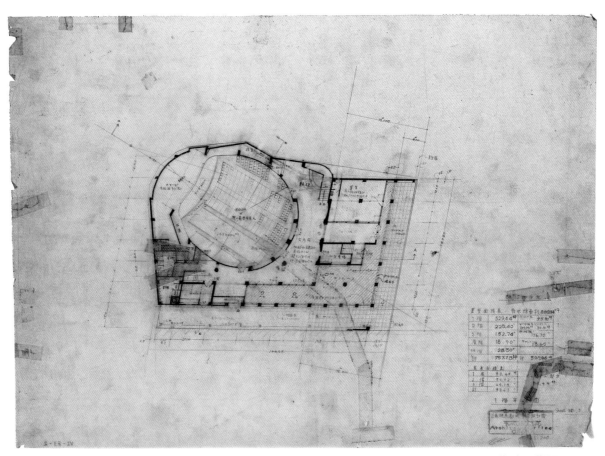

エスキースを踏襲した最終平面図。　　　　　　　　　　　　　　　　　第4案　1階平面図　VI-83-2

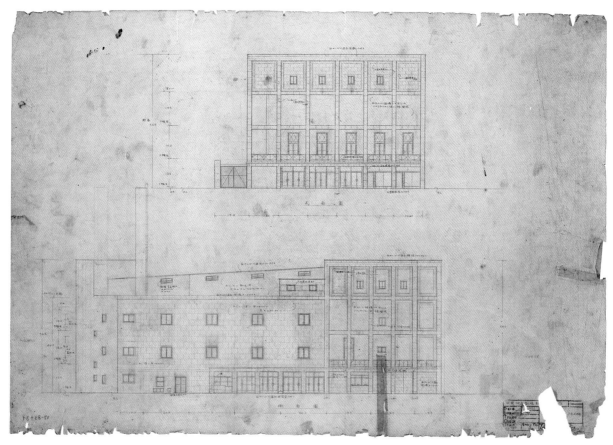

西側の袖壁が最上部まで立ちあげられている点が異なる。　　　　　　　　第4案　立面図　VI-83-31

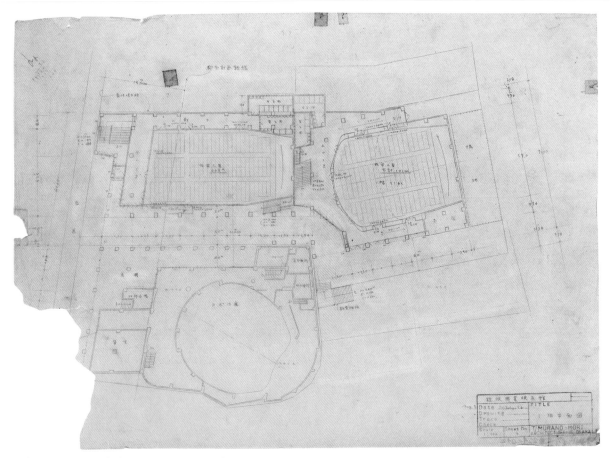

アポロ会館の平面図。アポロ座に接続する近映興業の3館（道路側は2階建て）を総称してアポロ会館と呼んだ。　　　　　#221-12

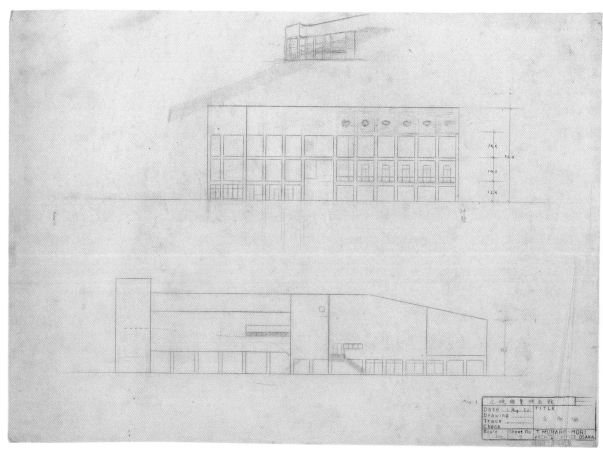

アポロ会館の立面図。アポロ座道路側仮設部は存置され、増築部まで連続する新しいファサードを作った。　　　　　#221-6

志摩観光ホテル
1951・69・83年

志摩観光ホテルは、戦後まもなく伊勢志摩地区が国立公園に指定されたことを機に建設され、山荘風のホテルとして出発した。日本万国博覧会（1970年）に合わせて、現在の本館が整備され、日本を代表する本格的な近代リゾートホテルに発展した。村野が最後に手掛けた宴会場（1983年）は、90歳を過ぎてからの最晩年の作品である。その後、新館「ベイスィート」（大林組、2007年）が加わり、2016年6月には第42回先進国首脳会議の会場として各国の首脳を迎えるために全面的なリニューアルが実施された。　　　　　　　　（福原和則）

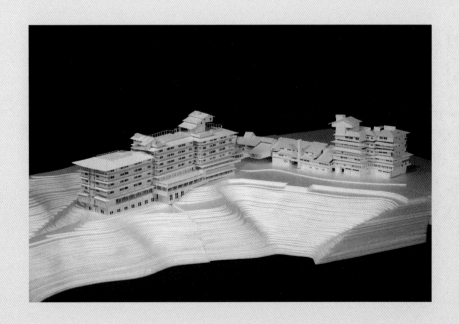

旧館を南東側から見る　1960年代頃か*

旧館を南東側から見る　現状**

旧館を北東側から見る　現状**

旧館大食堂（現・レストラン・リアン）現状**

*撮影：多比良敏雄　**撮影：市川靖史（2016年）

新館を南東側から見る　現状*

新館屋上塔屋　現状*

新館食堂（現・レストラン・ラ・メール）　現状*

ロイヤル・スイート・ルーム　現状*

*撮影：市川靖史

歴史とともに歩む
「華麗なる」志摩観光ホテル

福原和則

　志摩観光ホテルは、2016年6月に開催された第42回先進国首脳会議（伊勢志摩サミット）のメイン会場として各国の首脳を迎え、創建後65年を経て、再びその存在感を世に示した。

　もともと志摩観光ホテルは、わが国を代表するリゾートホテルとして知られてきた。開館後、直ちに昭和天皇の巡幸の機会を得て、宮家の宿泊先としての地位を確立し、天皇はこのホテルを何度となく訪れた。また、作家山崎豊子が定宿とし、「暖炉」、「花暖簾」、「女の勲章」、「大地の子」、などの数多くの名作の冒頭の書き出しがこのホテルで執筆されたことはよく知られている。「華麗なる一族」はまさにこのホテルが小説の舞台であり、映画化に至っては、撮影もまたこのホテルで行われた[*1]。

　志摩観光ホテルの成り立ちは、伊勢志摩が国立公園に指定されたことを機に近鉄、三重交通、三重県が共同出資してホテルが設立されたことによる。かつての賢島は、引き潮になってあらわれる30mほどの砂地でつながる無人島で、真珠養殖のため資材を運搬するために鉄道が敷かれたことではじめて離島でなくなったへき地であった[*2]。建設以前の土地の様子を村野は、「浜木綿」創刊30周年記念号の特別寄稿「創建の頃、前後」に記している。

　「ある日近鉄の建築課長の竹内孝氏から、鈴鹿の海軍航空隊の集会所の建物を利用して、志摩半島にホテルを建てるから手伝ってもらいたいということで、課長のお供をして現地に行ってみて、がっかりした。なる程、景観は抜群だが、馬の背のようなところに、小松や低い雑木があるにはあるが、雑草も生えぬような痩せ地であった。（中略）こんなところにホテルが建つだろうかと思ったくらいである」[*3]

　ここで示された鈴鹿の海軍航空隊の集会所とは、海軍将校倶楽部のことである。かつて戦時中に村野自身が海軍から依頼されて設計したもので、近年、論文『村野藤吾設計による「海軍将校倶楽部」の建設・移築経緯』によって明らかになるまではその全貌が長らく不明であった伝説の建築である[*4]。戦時中に同建築の設計を依頼されたときのことを村野は以下のように記している。

　「若い技術将校が出てきて、航空隊の将校集会所を建てるから設計してもらいたい、ついては建物の表現や内容は比叡山ホテルのようなものにしてもらいたいとのことであった。これまで、航空隊関係の仕事は松山でもやったが、多くは兵舎や格納庫のようなものばかりで、今度のように将校集会所、つまり、将校倶楽部のようなものは初めてであった。いわば、美術建築に類するものなので、簡単に設計するわけにはいかね。（中略）殊に物皆不自由な時代でこの程度の建築、純粋な軍用なら格別、一種の美術建築

なので私はその成否を疑ったほどである。空軍将校と言えば一般に小柄で、鷹のように俊敏に見えて、短剣を腰に下げた眉目秀麗な姿が今でも眼前にほうふつしている。この若い将校たちのなかから、もしかすると、戦火の花と散る人が出るかもしれないと思った。もし建築の魅力で、青年将校たちを慰め、勇気づけることができるなら、どんなに不自由なことがあってもできることだけはしてやりたいと思った」[前出*3]

　村野は戦時下において、美術建築としての建築の魅力で若い将校たちを慰め、勇気づけるために懸命に設計に取り組んだ。材料の調達もままならない状態であったが、木造平屋建て一部2階建てのかなりの大空間を含む「美術建築」が完成した。しかし、ほどなくして終戦を迎え、その建築は本来の役割を失ってしまう。村野自身も戦中、戦後の10年間は仕事が極端に少なくなり、苦悩に満ちた日々を過ごしていた。志摩観光ホテルの設計依頼があったのは、終戦の混乱を乗り越え、ようやく仕事が戻り始めた頃である。村野は当時を振り返って以下のように記している。

　「戦後間もないころなので、建築材料の入手など思いもよらぬ時代であった。困難はあるだろうが、しかし、何よりも嬉しかったことは鈴鹿の海軍集会所が再び姿を変えて、新しくお役にたつようになったことである」[前出*3]

　自らが格別の思いで設計に取り組んだ作品を新たな建築としてよみがえらせる機会を得たことを、村野はどのような気持ちで受け止めたのであろうか。

　志摩観光ホテルの旧館は、レベル差のある地盤に接する基礎や地下および1階部分は鉄筋コンクリート造、大食堂がある2階以上を海軍将校倶楽部の用材を用いて木造で設えた。鉄筋コンクリート造と木造を混在させた構造や、和風と洋風が混在した山荘風の設えは、海軍将校倶楽部の設計を依頼されたときに引き合いに出された叡山ホテルと共通するものである。同作品の設計図面については、「戦前のホテル建築　村野藤吾と叡山ホテル」に詳しい[*5]。志摩観光ホテルと同様に起伏のある敷地の上に建てられた同ホテルでは、RC造の基礎および低層階をRC造、主要な居室を配置した上階を木造とする構成を取っていた。志摩観光ホテルは、叡山ホテルの断面構成を引用しながら、海軍将校倶楽部の用材を活用して構築された。

　1961年に旧館を海側に延伸する形で鉄筋コンクリート造6階建て客室41室の西館が増築された。西館の意匠は、その後に建てられた現在の本館と共通するもので、数寄屋建築を何層も積み重ねたような姿であった。同時期に村野は、同じく近鉄が施主である

62

都ホテル佳水園を手掛けている。佳水園（1959年）は、まさに村野数寄屋の代表作といえる作品であり、軒を低くし、屋根の勾配を緩やかにとって、繊細な細部意匠を施したものである。旧館の民家風あるいは山荘風のものから数寄屋風へと移行したのは、村野の作風の変化と捉えることが可能であるが、むしろ時代が求める趣向の変化に村野が順応した結果と捉えるほうが適切であろう。

　1970年の日本万国博覧会（大阪万博）を機に志摩観光ホテルは大きな転機を迎えた。当時の近鉄社長佐伯勇は「万博の第2会場は志摩だ」と檄を飛ばし、賢島への近鉄特急の乗り入れと志摩観光ホテルの新館（現在のザ　クラシック本館）の増築、さらには賢島駅の新設（村野藤吾設計）を同時に進行した。志摩観光ホテルは第2次増築として新館を整備することで、日本屈指のリゾートホテルとしての地位を揺るぎないものとした。

　新館は、海岸に沿って一列に、かつ3分割されたボリュームが微妙に雁行するように配置された。旧館とは2階で接続し、下部のピロティに海側に抜ける通路が通すことで、西館側への動線をさばいている。新館のエントランスには、正面に木製の大階段が象徴的に配置された。どっしりとしたデザインが、ホテルの歴史と質を表現しているように感じられる。そのデザインは旧館の階段と共通するものであったが、ルーツを辿ると叡山ホテルの階段に遡る[前出*5]。また、木を中央に埋め込んだエントランスホールの柱や、天井照明の折上げ部分の木製枠、荒々しい仕上げの木による食堂の天井は、旧館と共通する山荘風に設えられ、リゾートホテルの雰囲気をRC造の近代建築である新館に吹き込んだ。大階段をゆったりと勾配を上りきるとその視線の先に旧館が自然に目に飛び込んでくる仕組みで、旧館へと導くサインなどに頼らずに感覚で行先を伝える設計であった。木質の玄関に設けられたメインカウンターもまた、木を積層した山荘風のデザインである。既に解体された西館に設えられたカウンターと同様のもので、これもまた旧館の流れを汲むものであった。

　立面検討図を見ると、まず、周辺の地形や風景に調和するように建物を配置すること、そして旧館、西館とのバランスを考慮して、全体で構成するボリュームバランスに配慮することに留意したことが、鉛筆の軌跡からうかがえる。また、本館のスカイラインは旧館同様に水平線を重視したもので、塔屋をアクセントとして全体を統合した。

　本館2階のカクテルラウンジ「アミー」は、英虞湾を望む豊かな景観を楽しむことができる位置に設えられた。竹の簀の子が張り巡らされた天井は、帝国ホテルの茶室「東光庵」（1970年）と共通する意匠を持つもので、窓際の明かり障子とともに和風の意匠を形成した。階段のあるホールや廊下との境界は、和風建築の格子を連想させる木製のルーバーで仕切られて、開放感とともに包み込まれた場の落ち着きを両立させた。

　村野事務所が最後に手掛けた宴会場（1983年）は、本館の手前右側に位置している。曲面をふんだんに用いた意匠は、最晩年の谷村美術館（1983年）や新高輪プリンスホテル（1982年）の意匠に共通する自由で創造性を感じさせる意匠である。玄関からホールに至る階段には、旧館から本館へと継承された階段のデザインが反映され、ここにもまた、ホテル全体を貫通する歴史を踏まえた統一感が表現された。

　現在の志摩観光ホテルは、1951年創設時に建てられた木造の旧館部分「ザ　クラブ」と、1970年の日本万国博覧会に合わせて整備された鉄筋コンクリート造の本館「ザ　クラシック」さらに2008年に新たに設けられた「ザ　ベイスィート」からなる。ベイスィート建設時に西館は解体され、サミットの開催直前の改装で本館の大階段は取り払われ、カクテルラウンジ「アミー」も撤去された。ホテルは今でも村野藤吾のデザインを尊重しようとする姿勢を持ち続けていると聞く。時代のニーズに応えるために、時には苦肉の策を講じながら、古き良き時代の香りを今に伝えている。

　村野はホテルを評して次の文章を残している。

　「志摩観光ホテルは自他共に許す日本屈指のリゾートホテルである。しかし吾れ吾れには、志摩観光ホテルというと特殊の感覚があるに思う。絶景もさることながら、それを生かして一種の響きがある。感触の良さと響きの余韻に洗練されたものがあるからであろう。人はこれを独特のホスピタリティという」[前出*3]

註
*1　山崎豊子「〈特別寄稿〉わが作品のふるさと」、『浜木綿：創立30周年記念号』志摩観光ホテル株式会社、1979年12月、pp.65-66
*2　邸景一「『真珠の海』から『リゾートの里』へ『大阪万博』が賢島を変えた」、『旅名人』日経ＢＰ社、2002年7月、p.5
*3　村野藤吾「〈特別寄稿〉創建の頃、前後」、『浜木綿：創立30周年記念号』志摩観光ホテル株式会社、1979年12月、pp.67-68
*4　平井直樹・石田潤一郎・笠原一人「村野藤吾設計による『海軍将校倶楽部』の建設・移設経緯」、『日本建築学会近畿支部研究論文集』pp.889-891、2011年6月
*5　奥藤圭造・大平滋彦「村野藤吾と叡山ホテル」、『村野藤吾建築設計図展カタログ6』村野藤吾の設計研究会・京都工芸繊維大学美術工芸資料館、2004年、pp.38-51

山荘風のエレベーションの中央に大和棟をモチーフとした塔屋のような立ち上がりを設けて変化を与えている。　　　　　旧館　立面図　所蔵：志摩観光ホテル
（図面番号6）

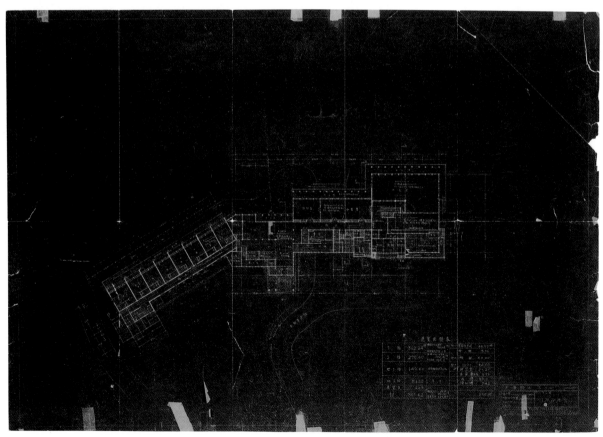

北側の客室ウイングと南側の食堂を含むウイングが中央のホールで連結される平面が地形に添って配置されている。　　　　旧館　1階平面図　所蔵：志摩観光ホテル
（図面番号38）

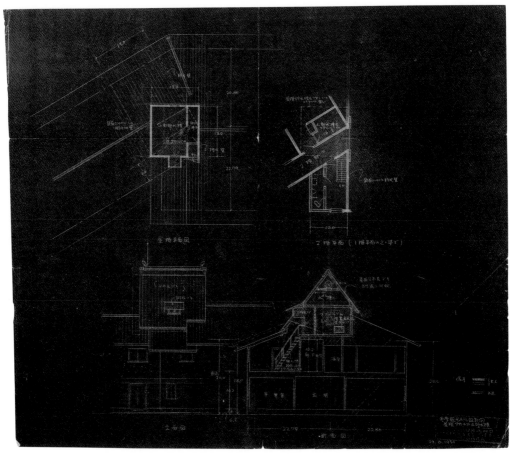

大和棟のモチーフは、戦中期から最晩年にわたって、多くの作品に用いられた。
外観はホール部分の軸に合わせたが、下部では客室ウイングの軸に合わせて納めている。

旧館　屋階ファンルームおよび貯水槽
所蔵：志摩観光ホテル（図面番号50）

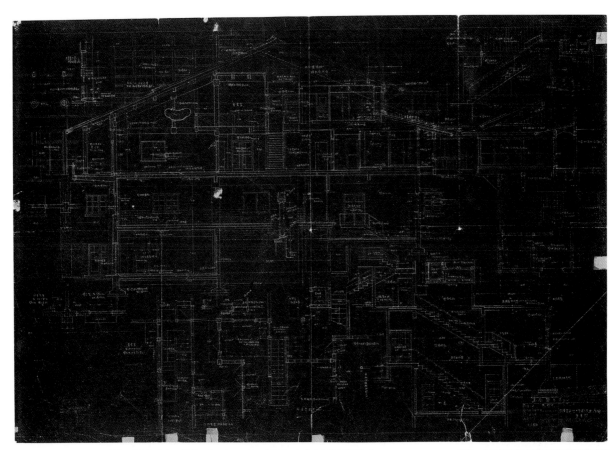

基壇RC部分と上部の木造部分で構成された。階段のあるホールや、吹抜けのある大食堂に露出した
立派な柱や梁は、鈴鹿の海軍将校倶楽部で用いられていたものである。

旧館　大食堂A地下室厨房廻り詳細参考図
所蔵：志摩観光ホテル（図面番号53）

木造部分と連続するかたちでRC造による増築が行われた。シャープな庇を持つ数寄屋建築を積み重ねたような意匠が特徴であった。

旧館および西館　パース　I-19-A-39

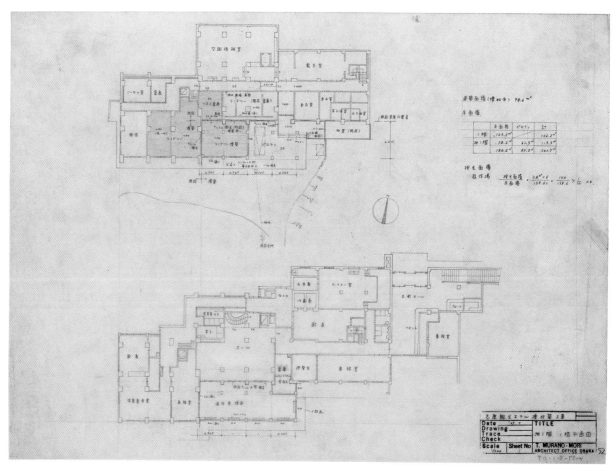

増築部分の地下および1階には設備や従業員のためのスペースがあり、木製のらせん階段でつながる2階には客用の食堂や遊戯室が設けられた。

新館（本館）　地下1階・1階平面図　V-37-B-1-7

現在の本館建設時に作成された別案の平面図。等高線に沿って配棟され、旧館とは1階で接続された。敷地内通路はその下部を立体交差している。　　　　　　新館（本館）　1階平面図　V-37-B-1-54

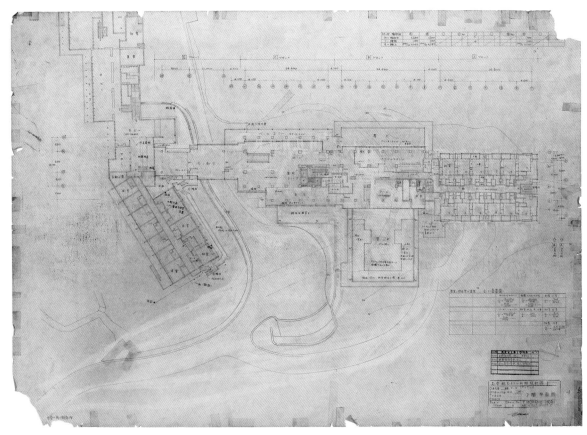

本館のエントランスに大階段を設け、2階でゆったりとした渡り廊下によって旧館とつなぐ現在のかたちである。海側にはカクテルラウンジが計画された。　　　　　　新館（本館）　2階平面図　V-37-B-1-75

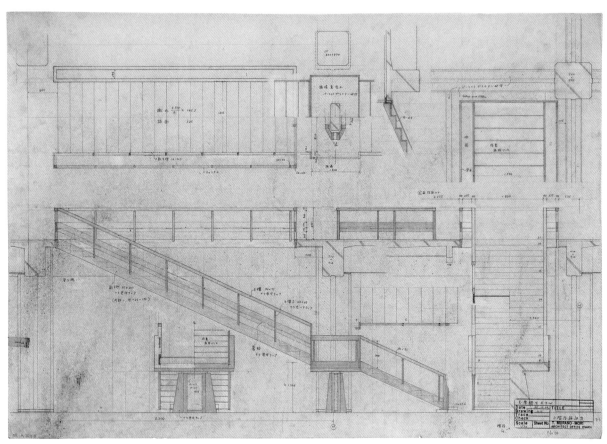

本館ロビーの大階段。手摺及び階段の手摺子の意匠は旧館のものを用いることで、
空間と時間の連続性を生み出している。

新館（本館）　ロビー大階段　V-37-A-1-80

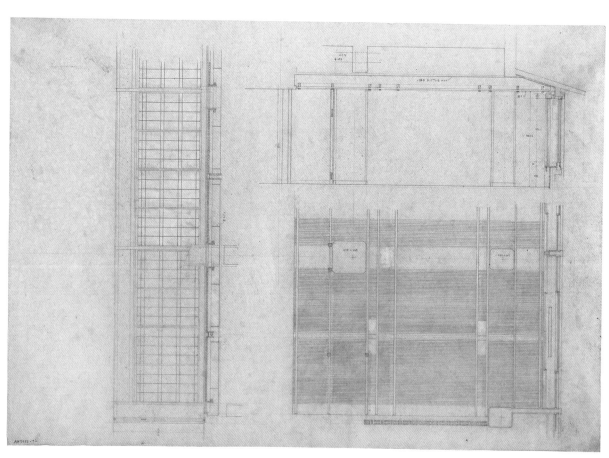

本館の2階に設けられたカクテルラウンジ「アミー」の詳細図。天井には竹が貼られ、
夜間はその上部に仕込まれた照明器具から柔らかい間接光が放たれた。

新館（本館）　ラウンジ詳細図　AN.5633-12

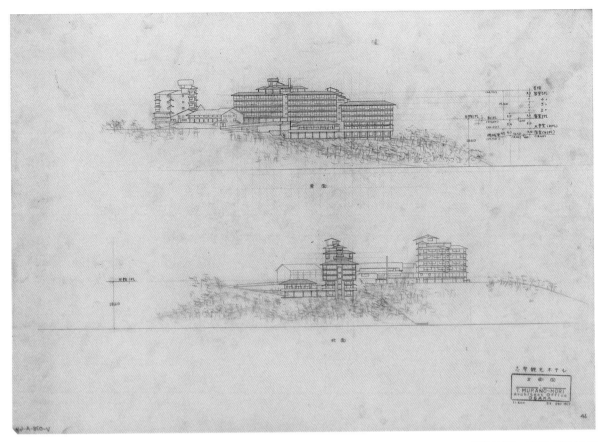

検討段階の立面図。地形や植生、既存建屋とのバランスをとりながら慎重に外観が
検討されたことが想起される。

新館（本館）　立面図　V-38-A-1-44

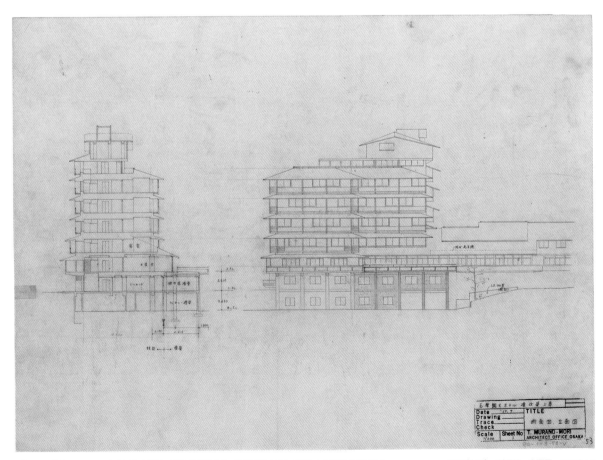

1階までを基壇とし、その上部に数寄屋風の意匠が連続する。窓際が持ち出し構造として各階が分割され、
立面には柱状のリブがスケール感を与えている。

新館（本館）　断面図・立面図　V-37-B-1-9

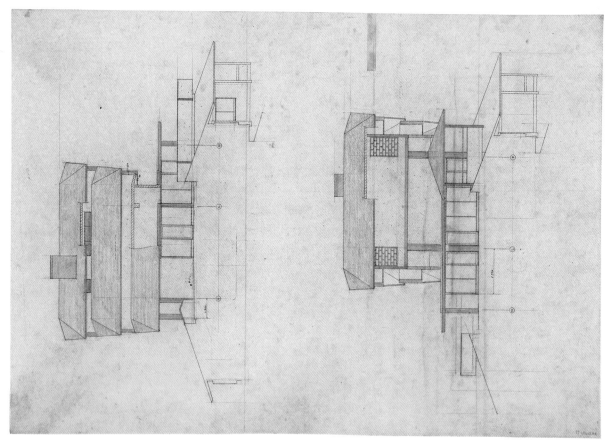

塔屋は群建築として認識されるホテル全体の景観において、ランドマークとしての重要な役割を担っている。庇の端部を折り曲げる蓑甲の手法が認められる。

新館（本館）　塔屋　立面検討図　AN.5633-11

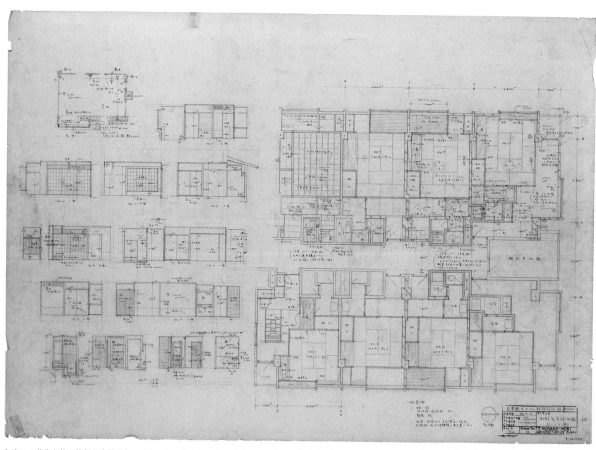

和室は、華奢な柱と簡便な意匠が必要以上に和を感じさせない。下足部分と座敷のレベル差は僅少であるが、そこにスリットを挿入して軽やかさを創出した。

新館（本館）　客室（和室）　詳細図　AN.5633-9

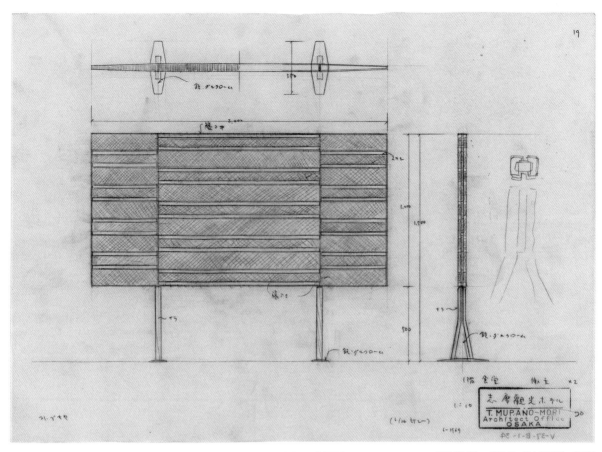

籐で編まれた食堂の衝立。村野は、椅子やテーブルからはじまって、衝立、傘立、承継器具など、あらゆる什器をデザインした。

新館（本館）　1階食堂　衝立平面図・立面図
V-37-B-1-34

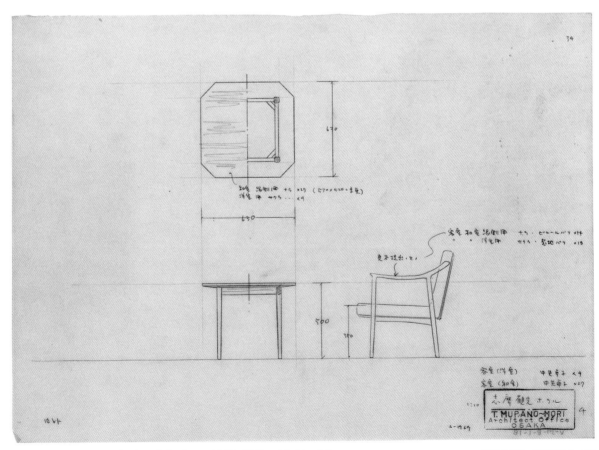

客室用の椅子。見本によって確認済みの仕様とすることや張地の種別と、それぞれの仕様の員数の指示が含まれている。

新館（本館）　客室用椅子・卓子
V-37-B-1-18

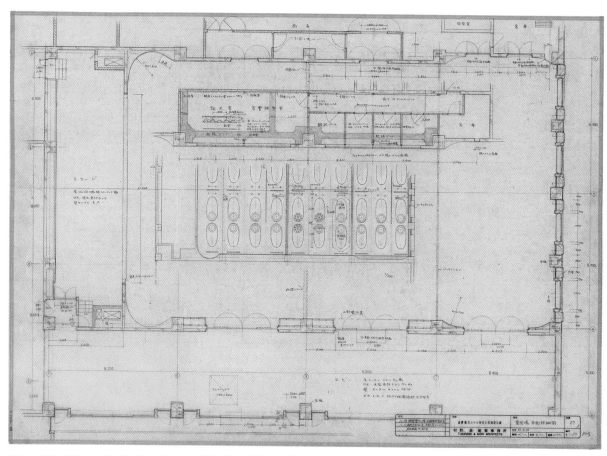

村野の最晩年に増築された宴会場。壁面、天井、舞台周りなどあらゆる部分に曲面が自在に用いられている。　　　新宴会場　平面詳細図　AN.5633-5

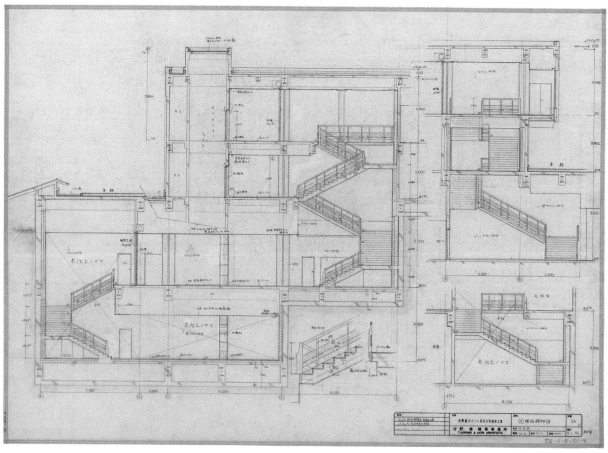

宴会場棟の共用階段は、旧館と共通する意匠を持つ。幅広の木材を用いることで、
全館に統一感とリゾートホテルとしてのホスピタリティを形成した。　　　新宴会場　共用階段詳細図　V-37-B-2-27

近鉄会館

1954年

近畿日本鉄道が戦後復興の機運の中で、近鉄大阪線の始発駅の上本町駅正面に建設した、劇場と映画館を中心に、銀行や貸事務室、展示室や食堂街などを含む大型の複合商業施設。狭い敷地に劇場と映画館を2層に重ね、その周囲に階段とスロープによって連続する明るいホワイエを設けながら、外観を水平連続窓でシャープにまとめ上げた。照明器具や劇場の押板まで、細部にこだわった村野のデザインが格調の高い雰囲気を実現させている。大阪新歌舞伎座が入る上本町YUFURA建設のため、2008年に解体された。　　　　　　　　（松隈　洋）

北西側から見る*

北東側から見る*

地階ドライエリア*

地階ドライエリア*

劇場内部*

*撮影:多比良敏雄

1%に託した
建築家としての矜持

松隈　洋

　近鉄会館は、1954年12月25日のクリスマスに、こけら落としの大披露会が催されて開業した複合商業施設である。2層に重ねられた客席数1,200名の劇場と644名の映画館を中心に、銀行や貸事務室、展示室や食堂街などを含む地下1階、地上4階、延床面積約8,700㎡の当時としては破格の規模をもつ。その建設計画は、大阪が戦後復興の途上にあった1953年、伊勢神宮の遷座祭に合わせて近鉄大阪線の始発駅である上本町駅の降車口の改築がきっかけとなり、南側に隣接する近鉄本社の西側にあった木造の上六小劇場跡地に、「大近鉄が兼営事業に本腰を入れて突進しようとする第一歩」[1]として、「社長自らの命名」[2]によって、1954年2月にスタートする。近畿日本鉄道建築部長の竹内孝によれば、基本計画がまとまり、村野藤吾に実施設計が依頼されたのは4月初旬、5月末に建設工事に着手し、約7か月の短い施工期間で完成にこぎ着けたのだという[3]。竣工時に、社長の佐伯勇は、「健康な娯楽と文化的なサービスを提供すると共に、此の上六ターミナルの周辺を美化致し度いと考えまして、新しい時代に最もふさわしい施設と内容を持ったものたらしめ度いと、設計は斯界の第一人者で此の度芸術院会員になられました村野藤吾先生をわずらわし」[4]たと建設への抱負を書き留めていた。しかし、その設計はけっして恵まれたものではなく、無理な条件下にあったことが、竹内の記した次の文章からは見えてくる。

　「最初からきちんと図面全部を揃えてからの工事ではないので、施工には計画性を持たせられなかっただろうし、安心の持てる材料や施工法も絶体絶命に追いやられた工期の関係から安易なものに変えなければならなかった面も多々あった。(中略)村野さんに対しても、こういう機械力によって日毎に姿の変わってゆく工程に先行して実施図面を整えてゆかなければならないという有様で、心ゆくまでの想を練って頂く暇もなければ、折角のいい着想を表現する理想の材料も手当てする時日がないという実情だった。」[前出3]

　この建物は、1985年に大規模改修されて近鉄劇場として使われてきたが、2008年に取り壊されたため現存しない。それでも、残された約200枚の設計原図や竣工写真から、村野が精力的に取り組んだ格闘の痕跡を読み取ることができる。図面に記載された日付を見ると、竹内の記した通り、1954年5月の日付の入った一般図と矩計図や劇場の舞台、階段、銀行や食堂の詳細図と、7月から12月にかけて描かれた平面図や立面図、仕上表から、各部の詳細図、照明器具や階段、手摺や押板の現寸図に至るまで、建設工事と同時併行する形で、あらゆるスケールの図面が急ぎ描か

れたことがわかる。興味深いのは、check欄に村野直筆サインが入った立面図と矩計図、仕上表、劇場まわりの詳細図など12枚で、その内容が外観と手に触れるものに集中している点と、立面のスケッチが多いことである。また、「近鉄会館新築工事」とだけ記入された各階平面図や断面図が多数残されており、おそらく施工を担当した大林組と協働で実施設計は進められたのだろう。

　建物の特徴として目を引くのは、上本町駅の改札口から真正面に見える長さ約56.5mの北側から西側へL型に回り込む立面の水平線を強調した連続窓のシャープなファサードや、階段とスロープが連続的に展開する劇場を囲むホワイエの透明感、劇場内部の華やかな演出である。それらは、厳しい設計条件下、村野が戦略的に選び取って集中してデザインしたことを正直に反映している。竹内は、竣工した建物の特徴について次のように記している。

　「開館して以来ここへ来た人々を等しく驚かせているのはコンコースからホワイエにかけての入口廻りが全く広々としている事だろう。これは私達がねらった一つの近鉄会館を特色づける鷹揚さとぜいたくさである。地下劇場などは「地下」という字を冠するにはふさわしくない程の明朗さと広さとを持ち、それがぜいたく極める巾をとった大階段によって一階のコンコースと直結させて路上の大衆との親近感を深める事につとめさせている」[5]

　村野のこだわりが実現されていることがわかる。さらに次の発言からは、彼の立ち位置の独自性が見えてくる。

　「組織やビジネスの要求を99%まで呑んでも、村野に頼んだ以上、最後1%は村野の思想や個性が残る。その1%を依頼者が認めるかどうか、そこが建築家と依頼者の信頼関係の基盤になるのですね。そして場合によっては、その1%が支配的になる。だけど本当は逆なんですよ。だって99%は建築家が知っていなければ、あとの1%を支配するだけのものにならんでしょう」[6]

　この言葉ほど、村野の建築家としての矜持を伝え、クライアントである近鉄との間で培った信頼関係と自信を象徴するものはない。近鉄会館は、その出発点を示している。

註
[1]　竹内孝「竣工を見た近鉄会館」『ひかり』1955年、Vol.10 No.1
[2]　竹内孝「待望の近鉄会館いよいよ着工」『ひかり』1954年、Vol.9 No.3
[3]　竹内孝「近鉄会館が生れ出るまで」『建築と社会』1955年、4月号
[4]　佐伯勇「近鉄会館竣工を祝す」『ひかり』1955年、Vol.10 No.1
[5]　竹内孝「竣工を見た近鉄会館」『ひかり』1955年、Vol.10 No.1
[6]　対談：村野藤吾・竹山実「ホテル文化の原点への挑戦」『新建築』、1982年7月号

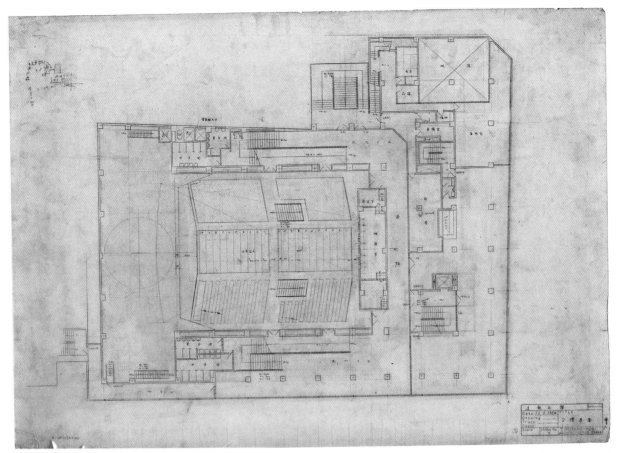

大きな舞台を持つ客席数1,200名の劇場を中心に、ホワイエが周囲にめぐっている。　　　　　　2階平面図　VII-12-5

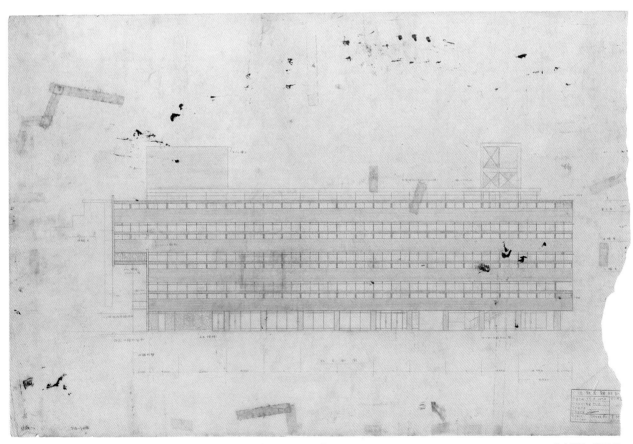

水平線を強調しながら、壁と窓との緊張感のあるプロポーションのリズムが立面を引き締めている。　　　　　　北立面図　#121-15

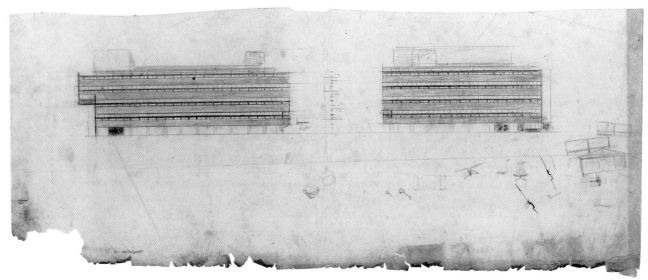

近鉄上本町駅改札口の正面に見える西側と千日前通りに面する北側立面のスケッチ。
水平線を強調するデザインが検討されている。

北・西立面スケッチ　VII-12-12

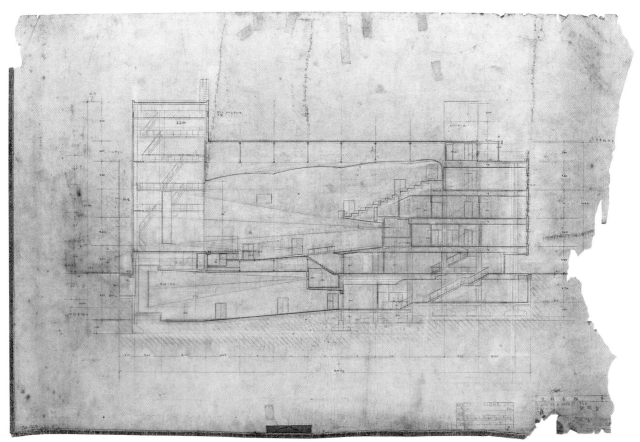

狭い敷地に映画館と劇場を2層に重ね、その周囲にゆったりとしたホワイエを確保する巧みな断面計画
が読み取れる。

縦断面図　#121-55

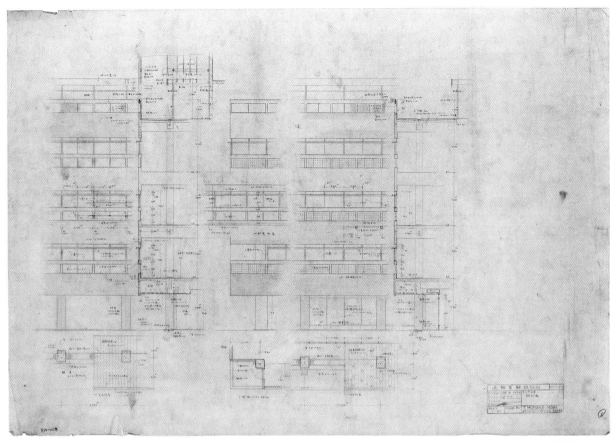

モザイクタイルの外壁と水平連続窓、ガラス・ブロック、スチール製小庇の組合せによって、水平線が強調された品格ある立面が目指されている。

矩形図　#121-17

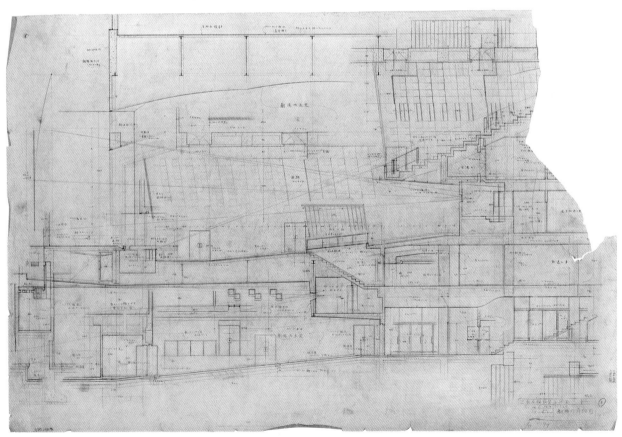

厳しい断面計画の下で、映写室からスクリーンへの投影線と2階客席から舞台への可視線の調整が図られていることが読み取れる。

劇場内詳細図　#121-43

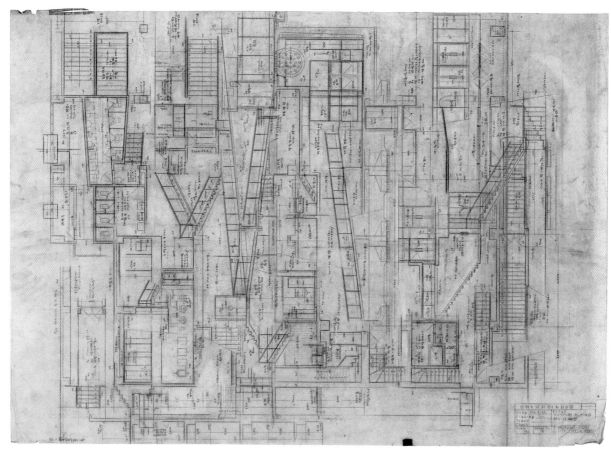

地階の映画館と地上階の劇場を囲むホワイエまわりのスロープと階段が描かれており、
流れるような空間の連続性が意図されている。

オーディトリウム側スロープ階段廻り詳細図
VII-12-25

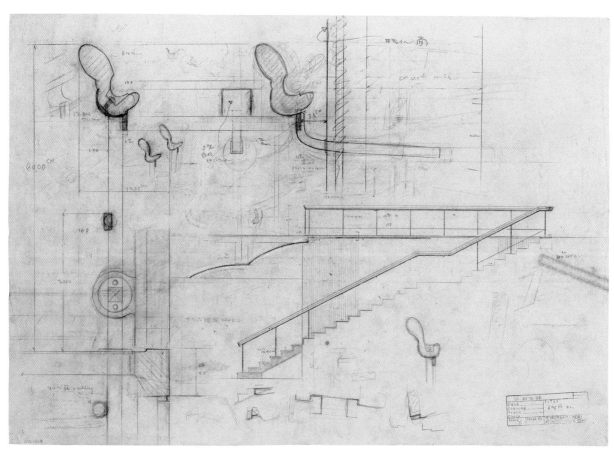

手に触れる部分へ注がれた村野の細やかなデザインが読み取れる。

A階段手摺現寸図　#121-2

近映会館
1954年

1937年に大鉄百貨店として竣工した近鉄百貨店阿倍野店の東側に隣接して建っていた映画館の建物。現在のあべのハルカスの低層部分の一部に建っていたが、1988年の近鉄百貨店の増築にともなって解体された。あびこ筋に面した北側の立面は、2層のバルコニーの水平線が強調され、真っ白に塗られて極度に抽象化されたものとなっている。しかしところどころに曲線を用いた壁や屋根が配され、変化と軽妙さも生まれている。1958年には隣接する近鉄百貨店阿倍野店が村野の設計によって水平性を強調した外観に改装され、近映会館と調和するものとなった。　　　　　　　　　　　　　　　　（笠原一人）

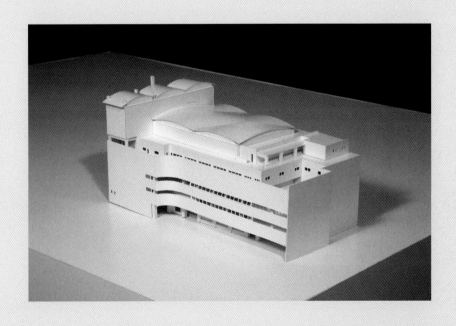

北側から見る*

劇場内部*

*撮影:多比良敏雄

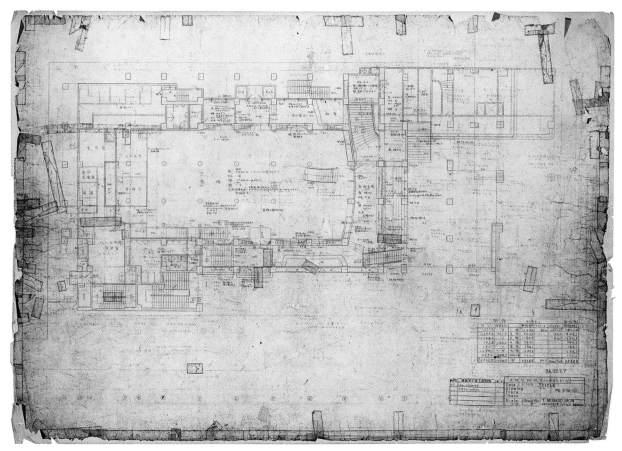

1959年に一部改修を行った際に描かれた図面。1954年の青焼き図面の上に、新たに鉛筆で改修部分の図面を描いている。

1階平面図　VI-82-3

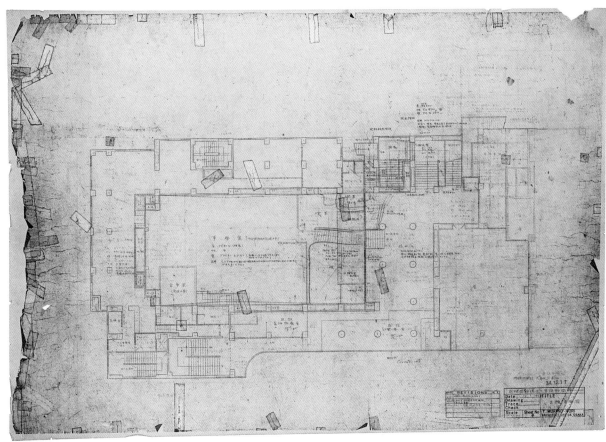

ところどころに曲線を用いた壁面や階段がある。近映会館の右手に連続している建物は、1937年に大鉄百貨店として建てられた近鉄百貨店阿倍野店。

2階平面図　VI-82-4

水平線を強調した極度に抽象化された北側の立面。右手に連続して、1958年に村野によって改装される前の近鉄百貨店阿倍野店の立面が描かれている。

北側立面図　VI-82-12

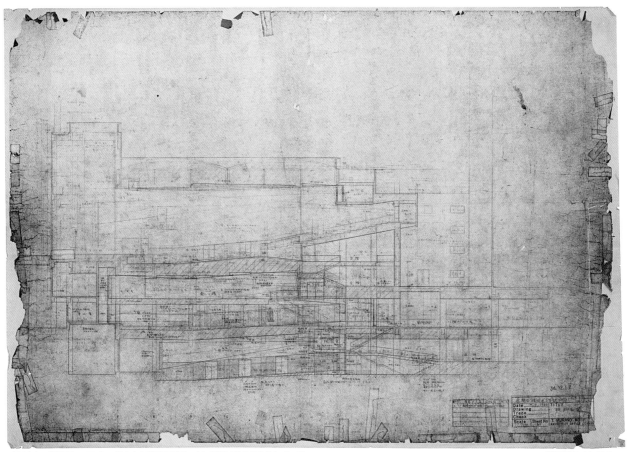

東西方向の断面図。1954年に描かれた青焼き図面の上に鉛筆で描き加えられている。

縦断面図　VI-82-9

近鉄百貨店阿倍野店
1957・58・64年

近鉄百貨店阿倍野店は、久野節の設計で1937年に大鉄百貨店として竣工した旧館に1957年に新館を増築し、翌1958年に旧館を大改修、さらに1964年に増築して完成したものである。竣工当時、建物の「設計」は近畿日本鉄道株式会社建築部、「意匠」を村野藤吾が担当したと発表されている。しかし建物には十分に村野らしさが感じられる。同時期に村野が設計していた神戸新聞会館（1956年）や読売会館・そごう東京店（現・ビックカメラ有楽町店／1957年）との類似性も見られる。村野が生前によく論じたように、99%クライアントの要求を聞いた残りの1%の村野藤吾が結果的に全体を「支配」した、まぎれもない村野作品だと言える。建物は1988年に村野事務所の設計により大改修され、その後2009年、あべのハルカス建設のため解体された。　　　　　　（笠原一人）

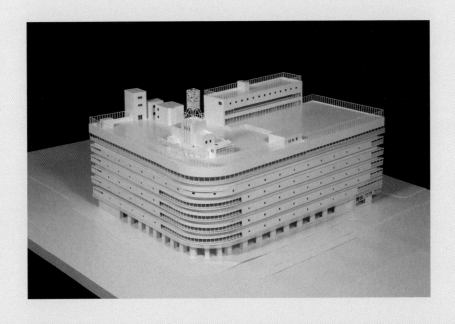

北西側から見る*

南西角を北西側から見る*

南西角を南西側から見る*

*撮影：多比良敏雄

南側中2階喫茶室を見る*

階段*

7階食堂*

*撮影：多比良敏雄

クライアントとしての建築家
―― 近鉄百貨店阿倍野店の村野藤吾

笠原一人

図1　大鉄百貨店　（所蔵：大林組）

● はじめに

　村野藤吾が設計を手掛けた近鉄百貨店阿倍野店の建物は、1957年と58年に竣工し、64年に増築している。しかしながらこの建物は、村野藤吾が自ら編集し1965年に出版した作品集『村野藤吾作品集』[*1]の中ではわずか2ページ、2枚の写真で外観が紹介されているに過ぎない。村野の生前に発行された他の作品集でも、巻末リストに簡単な情報が記載されている程度である[*2]。
　建物の規模は大きく、そのデザインには十分に村野らしさが感じられるのであるが、村野の作品としてはあまり重要度が高くなかったことを意味している。なぜ、そのような位置づけになってしまったのか。では、村野の作品としていかに位置づけ得るのか。本稿では1957年から64年にかけて村野の設計によって増築、改修された建物に焦点を当て、その設計の意図を解明し、村野作品としての近鉄百貨店阿倍野店を位置づけてみたい。

● 近鉄百貨店阿倍野店の歴史

　近鉄百貨店阿倍野店の建物の歴史は長く複雑である。始まりは戦前にさかのぼる。その敷地は大阪の現在のJR天王寺駅の南側、今はあべのハルカスが建っている場所にあった。その地下には近鉄大阪阿部野橋駅がある。
　現在の近鉄大阪阿部野橋駅は、近鉄の前身の一つである大鉄（大阪鉄道）の大阪阿部野橋駅として1923年に開業したことに始まる。当時この駅舎は、現在のJR天王寺駅と近鉄大阪阿部野橋駅との間に挟まれたあびこ筋上に建っていた。しかし1938年に地下鉄御堂筋線が天王寺駅まで開通することになり、その駅の位置が大阪阿部野橋駅に重なること、また大鉄に経営の立て直しが必要だったことから、大阪阿部野橋駅を現在の位置に移設した上で、その駅に接続する大鉄百貨店を建設することになった。
　大鉄百貨店の建物は、久野節の設計により建設され1937年に竣工した。久野は鉄道省の初代建築課長を務めた後、1927年に独立し、南海難波駅を含んだ高島屋大阪店（南海ビルディング／1933年）や神戸の阪神三宮駅に接続するそごう百貨店（三宮阪神ビル／1933年）などの建物の設計を手掛けた建築家である。
　大鉄はその後、大軌（大阪電気軌道）の後身である関西急行鉄道と合併し1944年に近畿日本鉄道となる。大鉄百貨店も関急百貨店阿倍野店を経て、日本鉄道阿倍野百貨店に名称を変更する。戦中には大空襲により建物の上階を中心に室内を焼失するが、鉄筋コンクリート造の建物の外観や骨格は残された。
　戦後、1948年に名称は近鉄百貨店に変更され、建物の増築が検討された。その際、村野に新しい建物の設計が任された。1957年に建物南側に増築が竣工し、翌1958年に旧館部分の柱や梁などの骨格を残しながら外装を中心に大きく改修するという方法で、大きくなって一新された近鉄百貨店阿倍野店が竣工した。
　その後、近鉄沿線の住宅開発が進んだことなどから来店客が倍増し、大阪阿部野橋駅のプラットフォーム側（東側）に、やはり村野の「意匠」設計による増築が行われ、1964年に竣工する。その後は、村野没後の1988年、村野建築事務所の設計により、既存の建物の構造体を残しながら外装を中心に、再び大きな改修が行われた。この時、1957年と58年に竣工した建物の外観の「意匠」は失われた。2009年には建物の骨格部分も解体され、2014年に同じ敷地にあべのハルカスが完成した。近鉄百貨店阿倍野店は、その際あべのハルカス近鉄本店と名称変更している。
　こうして歴史をたどってみると、1937年竣工の旧大鉄百貨店の建物と1957年と64年に竣工する村野が手掛けた増築部分は、外観を変えながらも、2009年にあべのハルカス建設のために解体されるまで、骨格はその場に残り続けていたことが分かる。

● 1957年の増築と1958年の改修

　村野が手掛けた1957年から58年にかけての増築と改修の内容について、詳しく見てみよう。設計の経緯や意図、特徴は、近鉄の社内誌『ひかり』に2回にわたって掲載された近鉄の関係者による（村野は参加していない）座談会の記事[*3]や、京都工芸繊維大学美術工芸資料館が所蔵する図面資料を見ることで明らかになる。両者を参照しながら、設計の意図や特徴、村野が果たした役割を確認しておきたい。
　近鉄百貨店阿倍野店では、1950年代に入ると、以前から社内で希望のあった増築計画が切実なものになったという。しかし1956年に中小商業者保護の目的で百貨店法が施行されることになり、それ以降は大規模な百貨店の建設が難しくなる見通しとなった。そこで近鉄百貨店の社内に「百貨店建設準備委員会」が設けられ、その主導により急いで増築計画が進められた。この頃、百貨店法の施行前に「駆け込み」的に増築を申請する百貨店が全国各地に増えたという。当初、建物の南側への増築だけが計画されたが、既存の建物と増築部分は一体化しなければ機能的な効果を期待できないため、旧館部分も大改造することになったという。この際、最も重要になったのは平面計画であったようだ。
　近鉄の技術局建築部長として近鉄百貨店阿倍野店の増築と改修を主導した竹内孝によれば、百貨店の平面計画には、発展に従っ

図2　近鉄百貨店阿倍野店　1957年増築竣工
（所蔵：近鉄グループホールディングス）

図3　近鉄百貨店阿倍野店　1958年改修竣工　南東から見る
（所蔵：大林組）

て3種類あるという。時系列に沿って論じると、最初のものは「三越型」で、「主玄関を建物外観の一番立派な面の中心におき、その左右をショウウインドとして対称形に扱う」ものだという。「主玄関を入った所を数階床をふきぬいた大広間とし、この真正面に大階段をとるという大時代的な構え方」で、「エレベーターは脇の方」に置く。

その次のタイプとして「松坂屋型」がある。これは主玄関の配置が「三越型」と同じであるが、動線の扱いが異なる。「主玄関を入った突き当りにエレベーターを並べて、その両脇に階段をおくという形」で、階段よりもエレベーターを主動線とする。

そして最も新しいタイプが、増築と改修によって1958年に完成した「近鉄型」である。これは、「建物の床をできる限り大きくぶち抜」いた開放的で巨大なエスカレーターを主玄関から入ってすぐの所に配置し、エレベーターは奥に、そして階段は要所の隅々に配置するものである。「百貨店のお客さんは非常に庶民層で」、「鉄道と同じように群衆でさえあるので、この大勢の人を捌く上においては」、このように配置することが合理的なのだという。

1937年に大鉄百貨店として建設された旧館は「松坂屋型」であったという。玄関を入った所に階段やエレベーターが集中していたため、玄関付近が大変混雑していた。そこで、「近鉄型」に改造することが必要になった。したがって、旧館が「恰好が悪いから改装したというのではなくて、むしろ機能的に行きづまっている所を改造して、その機会に外観を整えた」のだという。

また平面計画は「全部開放的に取り扱って」、街路に向けた「ショウウインドも設けないで直接売場を見られるように、いわばヌード式で取り扱う」こととし、「三方の道路と駅コンコースの方をすっかり総ガラスにして、どこから見ても店内が一望できるように」した。店内では、階段にも壁は設置せず開放的なものとし、「階段を上りおりしながら店内をよく展望できるし、売り場からは階段が一つの装飾になっている」という。

外観についても工夫されている。百貨店では商品に影響するため西日を遮りたいが、「商品の部門によっては自然光線のほしいものもある」。そこで、キャンチレバーで各階の床を柱から外壁側へ持ち出し、階と階の間に隙間を設け、その天井部分にガラスブロックによる天窓を設け、採光するという方法を採用した。また大部分が壁で覆われている一方、北西角の主玄関の上部の壁面は、大きな窓ガラスで覆われているが、これは「各階とも床から天井まで総ガラスで商品の並んでいる様や、お客や店員が忙しく右往左往している姿を外部に見せるという趣向にした」ためだと

いう。

以上のような説明から、新しい近鉄百貨店阿倍野店の設計が、徹底して機能性や合理性を追求する形で実施されたこと、また設計は近鉄の要望に沿って近鉄の主導により行われたことが分かる。この建物は竣工直後に雑誌『建築と社会』で紹介されているが[*4]、そこでは近畿日本鉄道株式会社建築部が建物の「設計」、村野は「意匠」を担当したとされている。つまりこの建物は近鉄が企画から建築計画までを担当し、村野はあくまでも近鉄の意向に沿う形で外観や内装をデザインしたと見られる。しかも、この建物は新築されたものではなく、旧館の建物に対する増築と旧館の建物の改修によって実現している。だとすれば、村野が隅々まで設計した作品とは言い難い。村野藤吾の作品集において重要度が低く扱われているのは、そこに理由があるのだろう。

● 村野藤吾の「意匠」

とはいえ、1957年から58年にかけて竣工した建物を見ると、随所に村野ならではのデザインの特徴が読み取れる。また、村野は以前から同じような手法でいくつかの百貨店の設計に携わっていた。ここでは近鉄百貨店阿倍野店に見られる村野作品としての特徴を見ておこう。

デザイン上の最大の特徴は外観にある。各階の上下間に隙間を空けて水平性が強調されており、北側と西側の壁面の多くは白いテッセラ貼りの壁で覆われているが、主玄関が設けられた北西の角は交差点に合わせて丸められて、大きな窓ガラス張りとなっている。南側の壁面は、北側や西側とは異なり、スチールのルーバーの間にガラスブロックを嵌めこんだ繊細なものとなっている。一方、東側の壁は、1964年に竣工する増築を想定したためか、そっけない表情を持つ。内部については、写真から、開放的で明るい空間だったことや、南側に段差が設けられて変化のある空間だったことが分かる。喫茶室では、先のスチールのルーバーとガラスブロックが組み合わされた明るい壁面を背景に、村野のデザインによると見られる軽快な家具が配置されていた。

外観を1937年に大鉄百貨店として竣工した旧館の外観と比較することで、旧館との類似性や残された部分が読み取れるのも興味深い。旧館は、アールデコ風のモダンなデザインで、細かいピッチで並べられたルーバーにより垂直性を強調しているのを特徴とする。しかし新しい建物では、水平性が強調され、新旧が対照的なものとなっている。一方で旧館の外観は、最上部のエンタブラチュア、中間層、1階部分と、様式建築に特有のいわゆる3

図4　近鉄百貨店阿倍野店　1958年改修竣工　北西から見る
（所蔵：大林組）

図5　近鉄百貨店阿倍野店　1958年改修竣工　北西上空から見る　（所蔵：大林組）

層構成で構成されていた。その点は新しい建物でも同じであり、よく見ると3層構成となっている。そして旧館では北西角が比較的大きなガラス窓が嵌めこまれていたが、新しい建物でもその部分に大きなガラス窓が用いられている。また屋上に目をやると、北側と東側に、かつてのエレベーターや階段室の塔屋がそのまま残されていることが分かる。つまり、村野の「意匠」による新しい建物は、大鉄百貨店の建物のデザインを継承しつつ革新されている。絶妙な改修デザインである。

　実は同様のデザインがこれ以前の村野の作品にも見られる。村野は百貨店の改修や増築の設計をいくつか担当しているが、その最初となる大丸神戸店（1936年）である[5]。これは同じ敷地に竹中工務店設計で1927年竣工の建物が建っていたのだが、その西側に村野の設計で新館を増築した上で、旧館の外装を中心に改修し、増築した新館と一体化したものである。その際も、オリジナルの建物の骨格や外観の3層構成など、デザイン上基調となる部分を残している。この時は、クライアントから「建築は箱でいい」と言われ、村野はそれを「合理的な建築を造ればいい」と解釈し、村野は「窓」をテーマとしてデザインしたという。クライアントの意向を尊重して合理性を徹底しつつ、いかに美しく外観をデザインするか、に腐心したというのである。その取り組み方は、近鉄百貨店阿倍野店と極めて似ている。

　また村野は戦後、東京の髙島屋日本橋店（1952年）の改修および増築の設計を担当している。この建物は、旧館が高橋貞太郎設計による1933年竣工で、そこに増築される新館を村野が設計した。大丸神戸店や近鉄百貨店阿倍野店に比べると、旧館の外観は改修していない点で異なるが、オリジナルの外壁などの一部に村野のデザインを織り込むようにしてデザインするなど、その手法は似ている。

　そして近鉄百貨店阿倍野店の外観のデザイン手法は、同時期に村野が設計していた他の作品に似ている。2階以上の外壁は階と階の間に隙間を設けているが、これは同時期に並行して設計が進んでいた神戸新聞会館（1956年）の外壁のデザインと同じ手法である[6]。壁面は白い大理石を細かく割ったテッセラで覆われ、一部はガラスブロックを嵌め込んだスチールのルーバーとなっているが、これも同時期に設計が進んでいた読売会館・そごう東京店（現・ビックカメラ有楽町店／1957年）で用いたのと同じ手法である[7]。

　こうして見ると、近鉄百貨店阿倍野店は、近鉄の建築部が主導して計画され設計されたとは言え、それまでの村野の百貨店の改修や他の建物の設計の経験が、問題解決のためのアイデアや設計に生かされていると考えられる。例えば、近鉄百貨店阿倍野店の外壁の階と階の間に隙間を設け、その天井部分にガラスブロックを設ける採光方式は、先の座談会では近鉄の「有井（技術局建築課）課長の傑作」として紹介されている。しかしこれは、村野が同時期に設計していた神戸新聞会館のデザインに似ていることから、そのデザインからヒントを得たか村野が提案した、と考える方が妥当ではないだろうか。

● 村野藤吾と近鉄

　村野と近鉄の関係は、戦前の大軌（大阪電気軌道）時代にあやめ池温泉場（1929年）の設計を手掛けたことに始まるが、特に戦後に関係を深めていく。志摩観光ホテル（1951年）や京都の都ホテル（1930-70年代）など華やかな施設の設計も担当するが、アポロ座（1950年）や近映会館（1954年）、近鉄会館（1954年）、近鉄本社ビル（1969年）など日常づかいの施設を数多く設計した。とりわけ1951年に佐伯勇が近鉄の社長に就任して以降、村野は数多くの近鉄関係の施設の設計を担当し、佐伯邸（1965年）の設計も担当することになる。ただ、近鉄には社内に技術局建築部が存在し、関係施設の設計を担っている。近鉄の意向をより強く反映させるためか、近鉄百貨店阿倍野店のように、村野は「意匠」を担当するという役割が多かったと見られる。

　このような村野と近鉄の関係は、他の鉄道会社と建築家との関係と比べれば、特徴的なものであったと言える。例えば、阪急電鉄の場合は、古くから施設の設計を竹中工務店が担当していた。時折、ホテルや駅舎の設計に浦辺鎮太郎が採用されたことがある程度で、戦前の阪急百貨店（1929年）や小林一三社長の邸宅（現・逸翁美術館／1937年）から戦後の新阪急ホテルやナビオ阪急まで、関係施設の多くを竹中工務店が設計している。ただ、竹中工務店は建築家ではなくゼネコンである。一方、堤義明率いる西武鉄道は、経営するプリンスホテルの設計を村野藤吾や丹下健三、黒川紀章といった著名な建築家に依頼した。プリンスホテルは西武鉄道の文化的なイメージを演出する施設であり、日常づかいの施設ではない。それを丸ごと、しかも比較的自由に著名な建築家に設計させている。企業のブランドイメージづくりに建築家を登用していたのであろう。

　そう考えれば、村野と近鉄は一人の建築家が一つの企業と深く長く結びついたもので、他の鉄道会社には見られない関係だと言える。建築家が企業の社員となったかのような、クライアントと

図6　近鉄百貨店阿倍野店　1964年増築竣工
　　　南東から見る　（所蔵：大林組）

図7　近鉄百貨店阿倍野店　1985年増築改修竣工
　　　（所蔵：近鉄グループホールディングス）

一心同体となった建築家の姿が浮かび上がってくる。村野は、近鉄百貨店阿倍野店の新館の増築が完成した時点で、次のような論考を近鉄の社内誌に掲載している。

　凡そ建築のなかで何が一番むづかしい設計かと申すならば、百貨店建築は、その最たるものの一つに数えられるのではないでしょうか。それは大衆と云うものを対象とするからであります。同じく大衆と云っても、ビルディングなどは余程その趣きを異にして、内容は実に千態万様であり、更らに地域的な要素なども加わりますから、細心の注意を払わなければ、場所柄に相応しく、又大衆の満足を得る様な建築とすることは困難でありますが、近鉄百貨店の新建築は是等の点について、今迄の百貨店建築では解決出来なかった多くの問題が改良せられ、創意に満ちた近代的な百貨店として、建築的に成功して居ると信じて居ります*8。

村野は、大衆を満足させることが難しい百貨店の設計だが、近鉄百貨店阿倍野店ではその問題を解決し、さらに創意に満ちたものとなったと論じている。新しいデザインを建築家として誇らしげに語るようなものではなく、徹底して大衆、すなわち百貨店を使う客を満足させることを目指している。それは客を「神様」と位置づけるような、クライアントの視点そのものであるだろう。つまり、村野は個性的な建築家としてではなく、むしろクライアントとして振る舞い、近鉄百貨店阿倍野店の設計に取り組んでいたと言える。

このことは、村野が生前に語った「99％相手の言うことを聞いて、1％で村野藤吾を出す」という、村野独自の設計態度を思い出させる。ここでの「相手」とは、クライアントのことを指す。建物を設計する際、村野は黒子に徹し、クライアントの要望を徹底的に受け入れ、その上で残された余地で村野の「作品」としての本領を発揮する、ということを意味している。村野と近鉄の関係において、村野はまさに「99％近鉄の言うことを聞く」立場であったのだろう。しかし重要なのは、建築家が1％の役割しか果たさなかったわけではないことである。村野は次のようにも言う。

　場合によっては、その1％が支配的なものになる。だけど本当は逆なんですよ。だって99％は建築家が知っていなければ、あとの1％が99％を支配するだけのものにならんでしょう。単なる1％だけが残っているんじゃだめなんだ*9。

99％相手の話を聞きながら、残された1％の村野藤吾の個性が全体を「支配」することで、ようやく建築が村野の作品として成立することを意味している。このことは、近鉄に限らず、村野とクライアントとの関係すべてにあてはまる村野の設計に取り組む態度であるはずだ。しかし、とりわけ近鉄百貨店阿倍野店は、そのような村野の態度を体現した作品であるように思われる。

近鉄百貨店阿倍野店は、大部分の計画や設計が近鉄主導で行われた。しかも自律した新築の作品ではなく、増築と改修によるもので、村野は外観を中心とした「意匠」のみを担当した。だからこそ村野の作品集では、遠慮がちに紹介されている。しかしその「意匠」には、同時期に村野が取り組んだ他の作品のアイデアや、それまでの百貨店建築の取り組みが存分に反映されている。つまり近鉄百貨店阿倍野店は、村野の自律した作品であることを拒もうとするようなものでありながら、だからこそ村野の本領を発揮した、まぎれもない村野の作品となっているのではないか。村野が近鉄というクライアントと同化したことで生まれた、逆説的な作品だと言えるかもしれない。

註
* 1　村野藤吾作品集刊行会、1965年（後の『村野藤吾1928→1963』新建築社、1983年）
* 2　『現代日本建築家全集2　村野藤吾』三一書房、1972年、および『別冊新建築　日本現代建築家シリーズ9　村野藤吾』新建築社、1984年
* 3　「座談会　ハイジャンプしたアベノ近鉄百貨店」、『ひかり』VOL.13 No.1、1958年2月、および、「座談会　ハイジャンプしたアベノ近鉄百貨店2」、『ひかり』VOL.13 No.2、1958年5月
* 4　「近鉄百貨店阿倍野店新館」、『建築と社会』1957年8月号
* 5　村野藤吾が設計した大丸神戸店については、笠原一人「複雑な「箱」──大丸神戸店の「多様性と対立性」」、『第11回村野藤吾建築設計図展──新出資料に見る村野藤吾の世界』京都工芸繊維大学美術工芸資料館・村野藤吾の設計研究会、2012年、を参照のこと。
* 6　神戸新聞会館については、笠原一人「織り込まれた都市の文脈──神戸新聞会館の形態操作」、『村野藤吾のファサードデザイン』国書刊行会、2013年、を参照のこと。
* 7　読売会館・そごう東京店については、松隈洋「形態操作と都市への開き方」、『村野藤吾のファサードデザイン』国書刊行会、2013年、を参照のこと。
* 8　村野藤吾「近鉄百貨店の建築について」、『ひかり』VOL.12 No.2、1957年4月
* 9　村野藤吾・竹山実「ホテル文化の原点への挑戦」、『新建築』1982年7月号

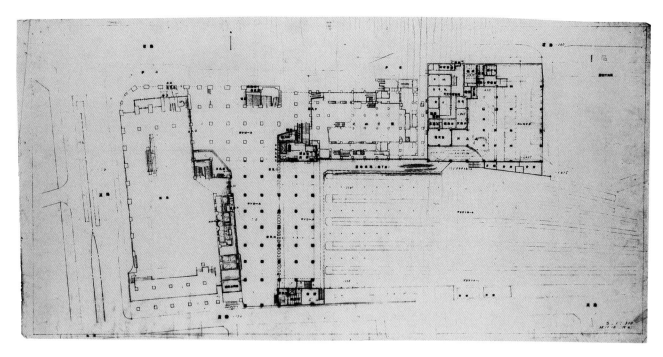

1957年の増築と1958年の改修の際の1階平面図。左端の縦長のいびつな形の平面図が近鉄百貨店。 1階平面図（1957年増築・1958年改修） #92-5
その右側には近鉄大阪阿倍野橋駅のコンコースとプラットフォームが並んでいる。

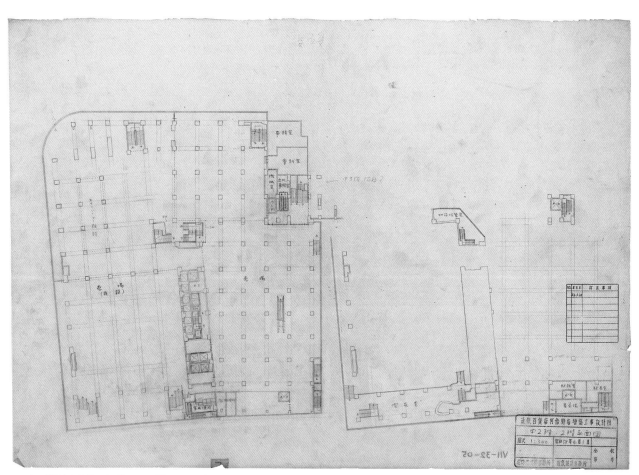

1964年に増築された際の中2階および2階平面図。2階平面図の左半分が1957年と58年の竣工部分。 中2階・2階平面図（1964年増築） VII-32-5
右半分が1964年に竣工した増築部分。売場面積が2倍近くになっていることが分かる。

1957年に竣工した旧館南側の増築部分のものと見られる立面図と断面図。神戸新聞会館（1956年）と同じような断面となっている。この時点では、各階の隙間の天井に天窓は設けられていないように見える。

南西部立面・断面検討図（1957年竣工部分） #169-11

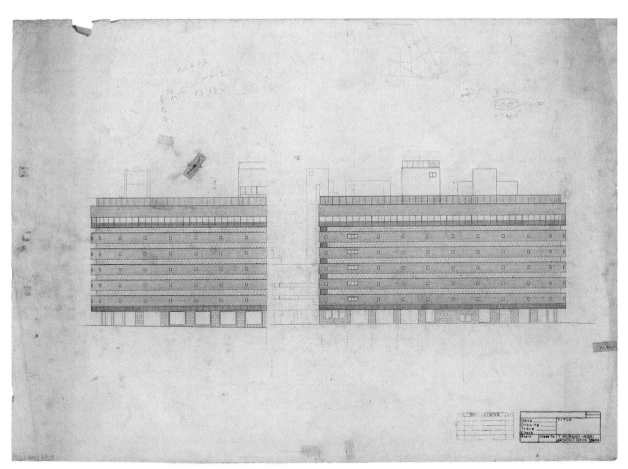

1958年に改修された旧館の立面の検討図。左の立面図は西側から、右の立面図は北側から見たもの。この時点では、北西角の主玄関上部に大きなガラス窓はない。中央に薄く描かれているのは、東側に隣接して建っていた近映会館（1954年）の立面図。

立面検討図（1958年竣工部分） #168-22

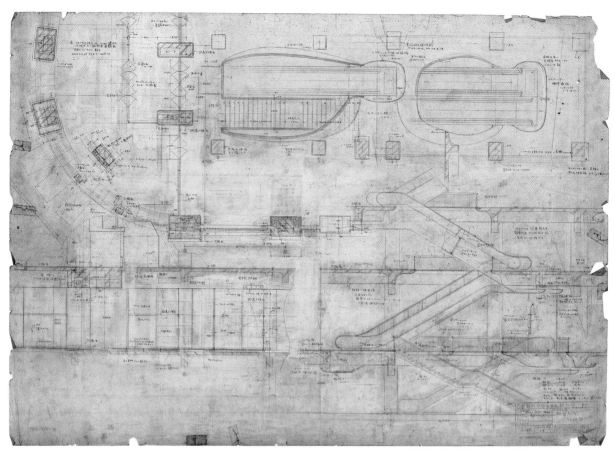

1958年改修部分の北西角、1階主玄関付近と1・2階エスカレーター付近の詳細図。エスカレーターを通すための床の開口部の形が面白い。エスカレーターが実際よりも玄関に近く描かれ、1階と2階部分が同時に描かれている。

1階玄関・エスカレーター廻り詳細図（1958年竣工部分） #168-60

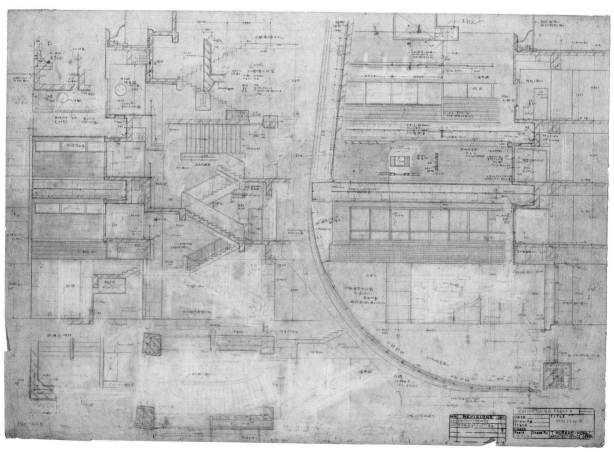

1958年改修部分の北側立面、東端と西端の主玄関付近の矩計詳細図。2階から5階までの基準階と、最上部の6・7階部分が描かれている。

矩計詳細図（1958年竣工部分） #168-61

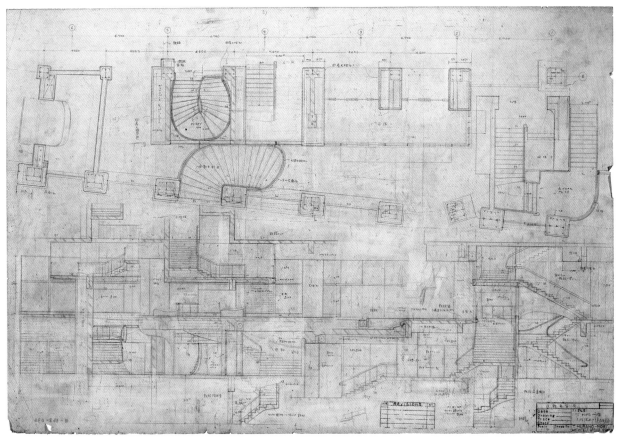

1958年改修部分の北西角、主玄関付近の階段の平面図と断面図が描かれている。不整形な空間に無理やり押し込んだかのような、それぞれ異なるデザインの階段が面白い。

1階・中2階・地階階段廻り詳細図（1958年竣工部分）
#168-36

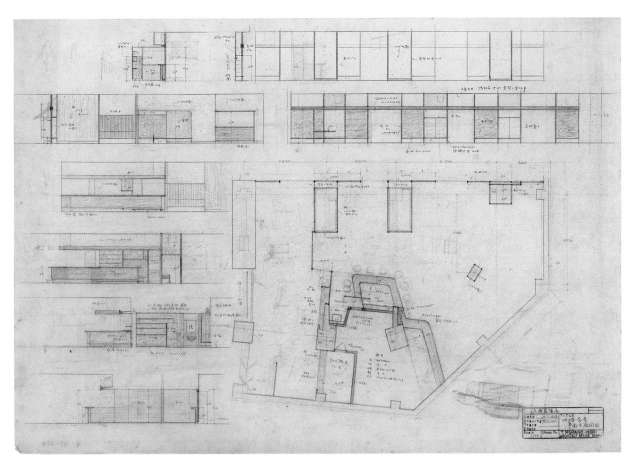

北西角の主玄関の真下に位置する地下食堂の平面図および展開図。平面図を見ると、繊細に折れ曲がるカウンターなどモダンなデザインが目立つが、展開図を見ると和風の構成。しかしその材料には「色タイル」や「ステンレスパイプ」などモダンなものが使われている。

地階食堂平面図および展開図
#168-4

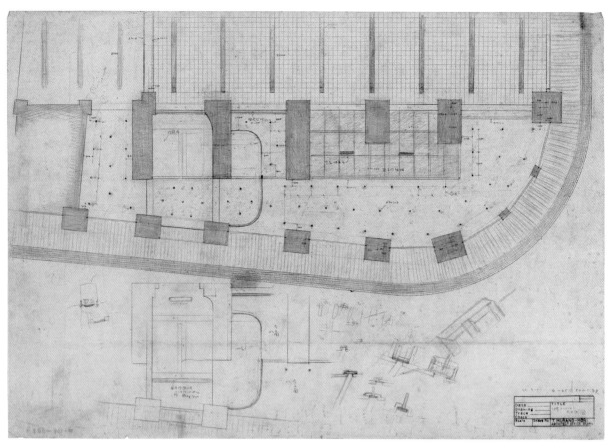

前掲の#168-36や#168-60、#168-61の平面図に含まれた主玄関付近の天井伏検討図。数寄屋建築のように、場所によってきめ細かく天井のデザインを変えている。

1階主玄関付近天井伏検討図　#168-7

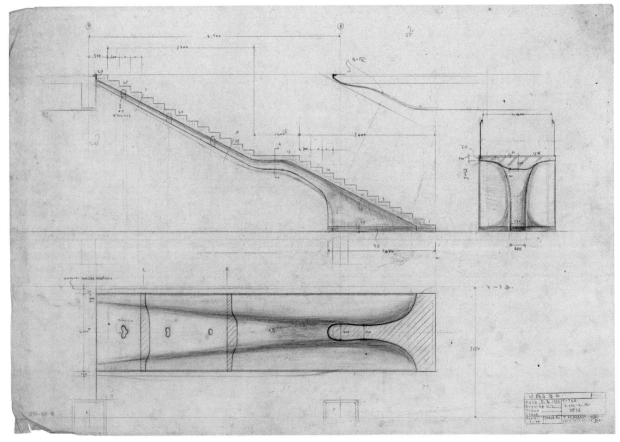

1階から地階へのエスカレーターの代わりに設置された階段のものと見られる検討図。断面図と立面図とともに、階段裏の伏図が描かれているのが興味深い。村野が生前、「階段は裏側が重要だ」と論じていたことを思い出させる。

エスカレーター廻り階段検討図
（1958年竣工部分）　#168-85

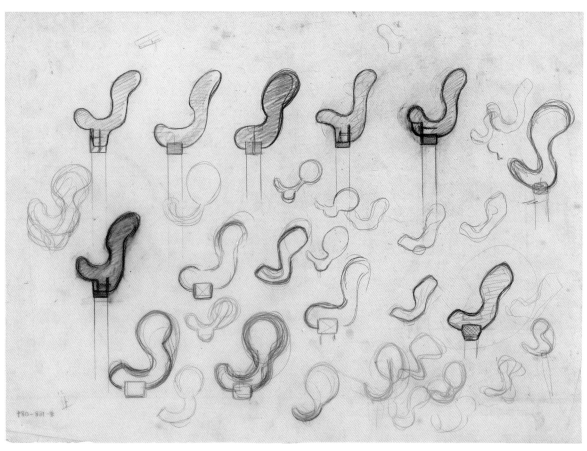

具体的な設置場所は不明であるが、階段手摺の断面形状を検討した図。握りやすさを考えたのか、何種類も描かれているのが面白い。たった一つの手摺にかける労力の大きさに圧倒される。　　階段手摺断面検討図　#168-84

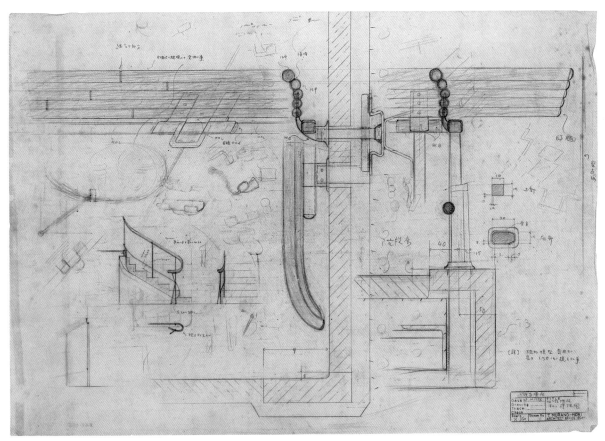

百貨店と地下鉄天王寺駅を結ぶ階段に設置されていた鉄製と見られる階段手摺の詳細図。太さの異なる丸い断面の棒状の鉄を5つ重ね、位置をずらして継ぎ目を見せる、数寄屋風の繊細なデザインの手摺となっている。　　地下鉄階段手摺詳細図　#168-55

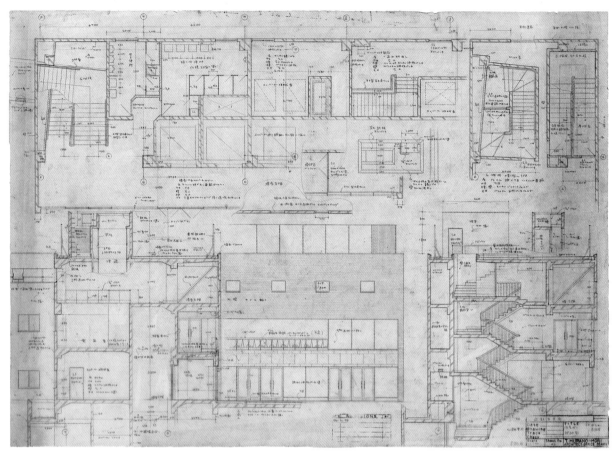

1957年の増築部分の屋上に建つ3階建ての塔屋の詳細図。電気室やエレベーター機械室、階段、トイレなどが収められている。階段室の壁が斜めになっていたり、2階にベランダが設けられていたり、デザインに手抜きがない。

屋上塔屋廻り詳細図　#169-9

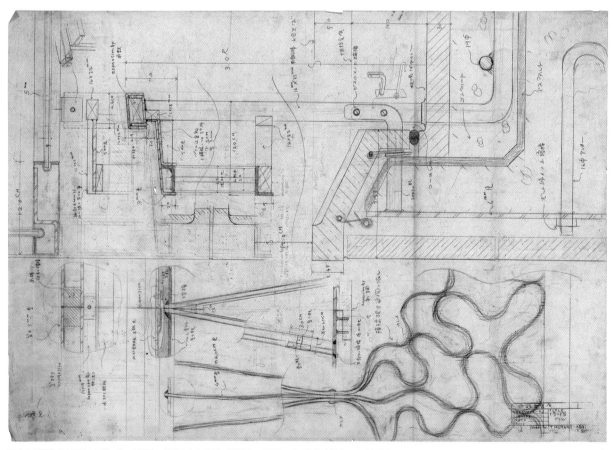

屋上の3階建ての塔屋の2階ベランダ部分に設置された手摺の詳細図。手摺子はそごう心斎橋店の心斎橋筋側の1階に戦後設置された階段の手摺を想起させるデザイン。

屋上塔屋2階手摺検討図
（1957年竣工部分）　#168-51

名古屋都ホテル
1963年

日本が高度経済成長に沸く1963年、名古屋駅東に建てられたホテルである。東京オリンピックにより国内外からの観光客の増加が見込まれるなか、新幹線開通により彼らの誘致が見込まれる名古屋において、301室の客室数を擁して近鉄・都ホテルチェーンの一角をなした。手作りによるアルミ曲げ物による装飾枠で埋められた外装が、その外観に複雑さとエレガントさが同居する多様なイメージを生成させている。

(角田暁治)

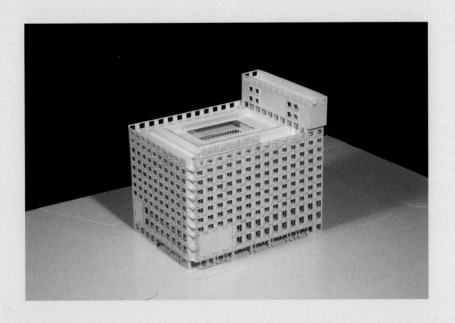

南側から見る*

南側玄関付近を見る*

南西側から見る*

大宴会場*

レストラン*

客室*

*撮影：多比良敏雄

Commercial Elegance

角田暁治

図1　中部日本新聞　(1963年8月18日夕刊)

● **名古屋都ホテルの概要**

　名古屋都ホテルは、昭和30年代の高度経済成長期の最中、本格的なチェーン展開を開始した近鉄・都ホテルチェーンの一角を成したホテルである。当時、クライアントである近鉄は、主として沿線拠点を結ぶホテル網の形成に力を注いでおり[*1]、東京オリンピック、東海道新幹線の開通といった国家的プロジェクトを目前にした1963年に、名古屋駅東の名古屋市南区名駅4丁目に当ホテルを完成させた。その規模は、地下4階、地上10階、塔屋3階であり、客室数は301室を数えた。地下には、2層にわたって計56台分の駐車場が計画されている。また、屋上はビアガーデンとしての利用も考慮されていた。竣工時点では、近鉄・都ホテルチェーンは計7ホテルを営業し、その総客室数は900室であった[*1]ことから、名古屋都ホテルはその一角を成す重要なホテルであったことが推察できる。開業にあわせて、駅前地下街とホテルとを結ぶ「ミヤコ地下街」もオープンした。施工にあたったのは、鹿島建設株式会社であり、工費はミヤコ地下街とあわせて36億円であった[*2]。そもそもこのホテルは、近鉄傘下にあった「株式会社中央ホテル」が1963年5月に「株式会社名古屋都ホテル」へと商号変更し、既に存在していた中央ホテルを近代的な都市型ホテルへと建て替えたものである[*3]。敷地は名古屋駅の東側は錦通りに面し、近辺にはホテルが並び建つ、いわゆる「駅前ホテル村」と呼ばれた場所であった。当時、東京オリンピックを目前にして名古屋はホテルラッシュであり、名古屋観光ホテル、ホテルニューナゴヤ、藤久ホテル、名古屋国際ホテル（旧ホテル・マルエイ）に、名古屋都ホテルを加えて、名古屋の国際観光ホテル全体として1,300人を収容することができる状況であった[*2]。ちなみに、前述の名古屋国際ホテルの前身は、村野による「観光ホテル丸栄」（1949年）である。竣工前月の新聞記事[*2]には、「宇宙時代のビル」という見出しで、"名古屋一の本格的ホテル"としてこの建築が紹介されている。そのデザインについては、「……この都ホテルは芸術院会員村野藤吾氏のデザインでアルミサッシュを窓ワクの飾りにつかってユニークな感じを出しているのが特徴で、……」と表現され、村野のデザインがストレートに紹介されている。さらには関係者のコメントとして、「……東京と京都に集中している外人客を名古屋で降ろしてみせます。……」という言葉があり、シティホテルとして充実したコンテンツとともに、このデザインが新しいホテルとしてアピールすることへの期待が伺われる。また、竣工直前の9月13日には、建物南西方向から見たパースと、「東海随一を誇る…」というコピーとともに、開業を知らせる広告が新聞にうたれた[*4]。竣工時には、『新建築』（1963年11月号）と『近代建築』（1963年11月号）に発表された。いずれの雑誌においても、誌面は外観および内観写真と平面図、そして外壁の詳細を示す立面図と矩計図で構成され、村野による作品解説の文章はない。竣工から7年を経た1970年7月には、東館が増築され、客室数は合計401室に、宴会場も計12室へと規模を拡大した。その後、残念ながら2000年にホテルとしての営業を停止し、建物も解体された。現在、その跡地には別のオフィスビル（センチュリー豊田ビル）が建っており、かつての痕跡を見ることはできない。ホテルと同時に開業したミヤコ地下街は、近鉄が経営を他社へ譲渡したものの現在も存続しており、当時のままに残されたその名称が、かすかにこの場所の歴史を感じさせるのみである。

● **所要図面のあらまし**

　京都工芸繊維大学美術工芸資料館に存在する名古屋都ホテルの設計図面は、10フォルダに分けて収められており、全部で488枚が認められる[*5]。それらの図面の種類は、新築時一般図（原図）、増築時一般図（第2原図、青焼図）、青焼図、客室関係平面・展開・検討図（原図）、宴会場関係平面・展開・検討図（原図）、地下階店舗関係図（原図）、そして詳細検討図（原図）等である。増築時の平面図と断面図については、原図は残っていない。また前述したように、名古屋都ホテルの前身は中央ホテルであるため、新築時の設計図面ラベルにおける建物名称には、「名古屋都ホテル」と「中央ホテル」という2種類の名称が認められる。

● **設計の特徴**

　名古屋都ホテルの意匠上の特質がそのファサードデザインに負うところが大きいことは、前述の新聞記事からも明らかである。都市におけるホテルというプログラムをどのように位置づけるか、その問いに対する村野の答えが、ファサードから推察される。そのデザインにおいて、村野はこれまでにない強い形態を提示して、コマーシャルな存在として都市に対する新たなインパクトを与えつつ、同時にある種のエレガントな雰囲気を漂わせることで、都市のサロンがここに存在していることを表現しようとしたのではないだろうか。その手法として、他の村野作品にも見られる、ファサードを重層化することへの意識が見てとれる。すなわち、外壁面にいくつかの面や要素をレイヤリングすることで、奥行や表情を付加する手法である。この視点から村野が用いる手

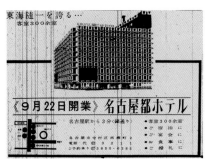
図2 中部日本新聞（1963年9月13日夕刊）

図3 ミヤコ地下街への入口
（撮影：角田暁治）

図4 笹島交差点より見る敷地現状
（撮影：角田暁治）

法としては、A.層の重なりをメタフォリカルに感じさせるもの、B.凹凸を付加することにより面が立体化されたもの、C.グリルなどが付加され空間的な奥行きのあるものといった様態が見られる。各々の具体例として、Aは森田ビル（1962年）、Bは浪花組本社ビル（1964年）、Cは大成閣（1964年）などが挙げられよう。この中で、名古屋都ホテルはB及びCの方法が複合的に用いられており、そのための形態は、後述する経緯を経て、フレームが千鳥に連続する構成が選択された。このフレームは、客室の窓枠と外壁の装飾の2種類の付加物により構成される。意匠の決定に先行して工事が進められたことから、後付けの形で施工可能な形態が模索された[*6]。また、これらの枠がコスト面の合理性から手作りでつくられたことは驚きに値する。屋上はビアガーデンなどのパブリックな場所として計画されたことから、このフレームを建物上端部にも回すことで、囲われた雰囲気を屋上に生み出すとともに、このファサードの空との接点をうまく納めている。また、建物東面は大らかな目地だけが切られた潔いほどにプレーンな面として計画されている。これは将来の増築を意図してのものかとも推察できるが、定かではない。外観に比して、インテリアは、ロビーや宴会場、客室とも、幾何学的でシンプルにまとめられている。

● ファサードデザインの変遷

所蔵図面から、ファサードデザインの変遷を辿る。所蔵図面には、設計の初期において3種類の立面図が認められる。一つは①実現案の原型となったもの（V-13-D-18）、もう一つは②水平方向に連続する手摺により構成されたもの（V-13-D-16）、そして三つめはそごう大阪本店（1933年）を彷彿とさせる、③連続する垂直ルーバーによりファサードが覆われたもの（V-13-D-17）である。①案の日付は1961年7月10日である。②案、③案は日付が未記入であるが、③案については断面図（V-13-D-15）も残っており、そこには1961年6月12日と記入されていることから、それら3案がほぼ同時期に作成されたことが分かる。村野の設計においては、プロジェクト初期の提案時に複数案を提示した上でクライアントの意向を探るというプロセスがしばしば見られることから（そこには村野特有の機微があるのだが）、本件においてもこれら3案を検討・議論した中で方向性を決定したことが推察される。デザインの変更が加えられた箇所として、窓装飾枠の断面形状や壁面からの出寸法、その下地素材のプレキャストコンクリートから鉄骨への変更、窓間の壁面装飾の形状・寸法・素材の変更、塔屋壁南面における装飾枠の有無、建物南西コーナー部分の装飾金物の形状、南東コーナー低層部の外気取入口のデザイン、パラペットにおける装飾枠天端の形態といった点が挙げられる。

● 装飾の意味と効果

残されているファサードのカラー写真からは、その饒舌とも言える窓枠が連続するデザインは、不思議と"どぎつさ"を感じさせず、どちらかと言えば、"繊細な品のよさ"さえ漂わせている。そのように感じさせる要因として、おそらくは、背面となるガラスモザイクタイルのグレーの色合いや、窓枠や壁面の装飾枠のアルミの質感、そして、それらの見付のプロポーションと壁面から浮いたように見える（壁面装飾は実際に浮いている）断面形状の操作によるところが大きいのではないかと思われる。また、街に対する主たる立面である南面と西面の窓には、グレーペーンの熱線吸収ガラスが用いられているが、これらは外壁のタイル色とともにモノトーンのファサードイメージを生成しており、飾り金物のアルミの質感をより一層際立たせている。『新建築』掲載の外観写真に付されたキャプションには、「南面はアルミ飾り金物が壁面から飛出しているので朝・昼・夕の日射角度による影で表情が違ってくる」と記されており、都市に建つ新しいホテルのファサードに、かつて村野がスタイリッシュな建築と取り組むことにより見出した価値としての、陰影による多様な表情の変化を盛り込もうとしたことは明白である。素材・形態・寸法の関係を熟考し操作することで、見かけの構成から受けるイメージとは異なるものを我々の心中に生じさせる手業こそが村野の真骨頂であり、それが結晶化された建築として、名古屋都ホテルは位置付けられる。

註
[*1] 『都ホテル100年史』都ホテル、1989年
[*2] 『中部日本新聞』1963年8月18日夕刊
[*3] 『近畿日本鉄道100年のあゆみ』近畿日本鉄道、2010年
[*4] 『中部日本新聞』1963年9月13日夕刊
[*5] 収蔵フォルダ名は、V-11-A（96枚）、V-11-B（101枚）、V-12-A（42枚）、V-12-B（57枚）、V-12-C（31枚）、V-13-A（58枚）、V-13-B（33枚）、V-13-C（22枚）、V-13-D（35枚）、V-14-A（13枚）の計10フォルダである。
[*6] 『現代日本建築家全集2 村野藤吾』三一書房、1972年

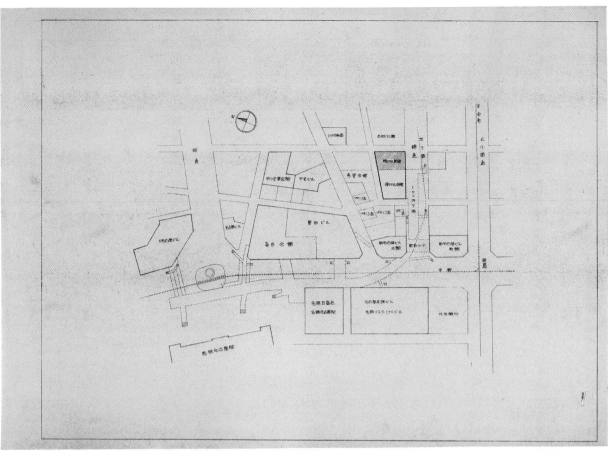

増築時の配置図。市電の線路や、西側には道路を挟んでパチンコ店の表記が見られ、当時の敷地周辺の雰囲気が推察できる。

配置図　V-13-B-2

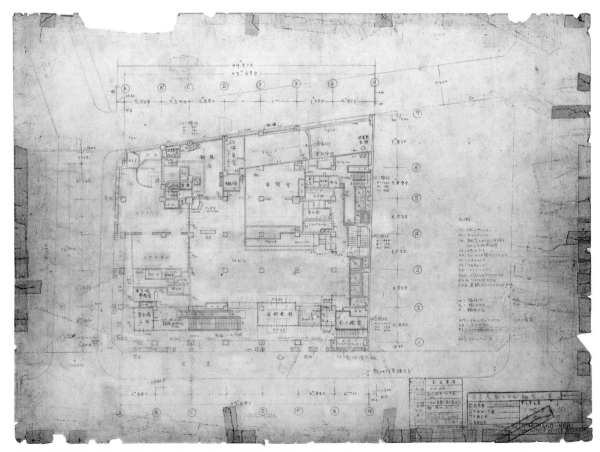

新築時の1階平面図。街区に対峙する主たる2面にはピロティ空間があり、上部から連続して降りてくる窓装飾枠が、華やかさを添えている。

1階平面図　V-11-B-12

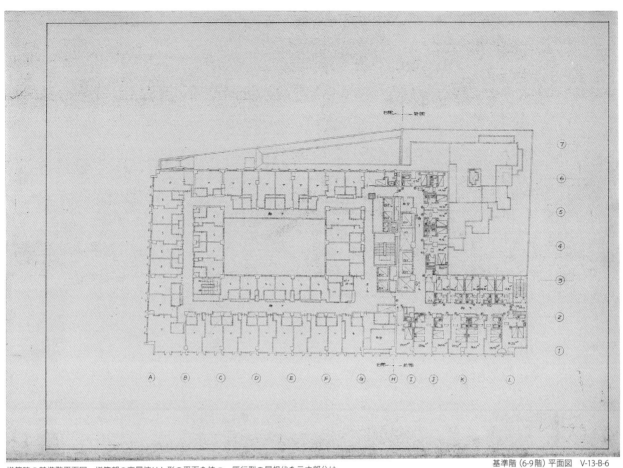

増築時の基準階平面図。増築部の高層棟はL形の平面を持つ。雁行型の屋根伏を示す部分は 基準階(6-9階)平面図　V-13-B-6
「サロン・ド・ミヤコ」と名付けられた日本庭園を伴うラウンジ。

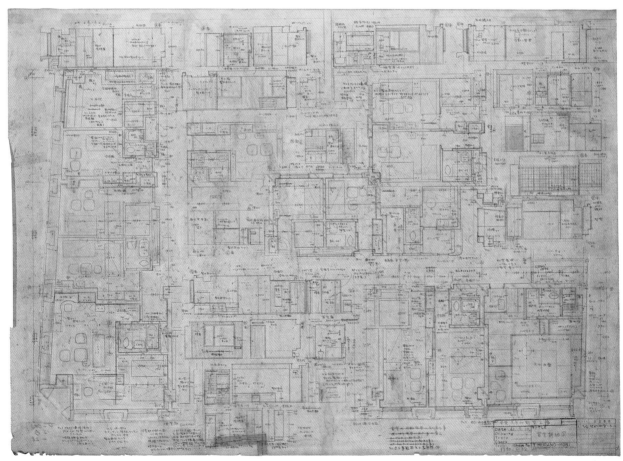

基準階客室の平面詳細及び展開図。窓の持ち出し寸法が実現されたものよりも大きい。南西コーナー部 客室詳細図　V-13-D-28
(図中左下)装飾金物の形状も最終形とは異なっている。

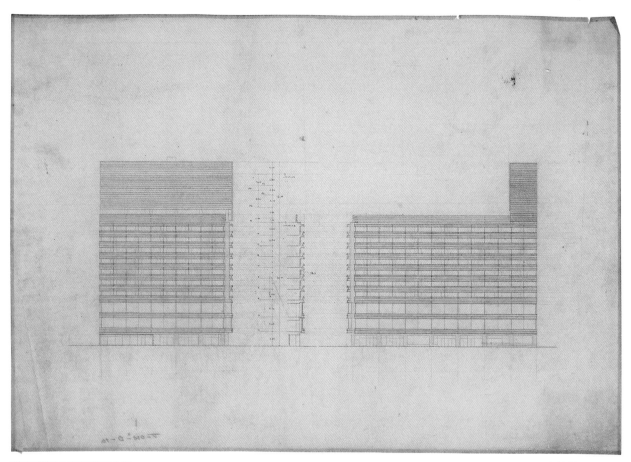

水平に連続する手摺の積層した案。　　　　　　　　　　　　　　　　　　　　　　　　　　　　　南立面図　V-13-D-16

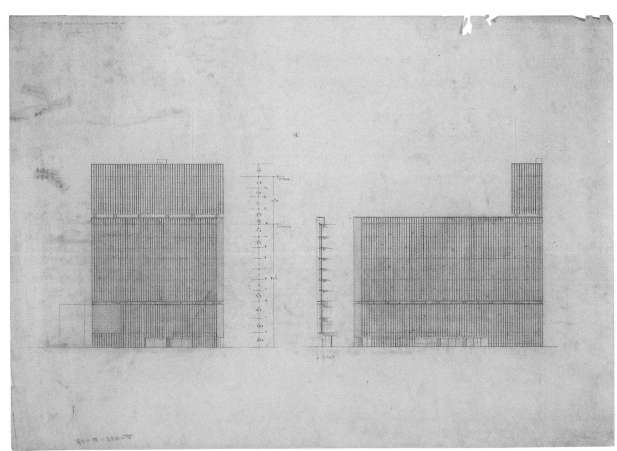

リブ状の垂直ルーバーがファサードを覆う案。そごう百貨店との類似性が認められる。　　　　　　南立面図　V-13-D-17
ファサードを分節する水平切込み部分が効果的である。

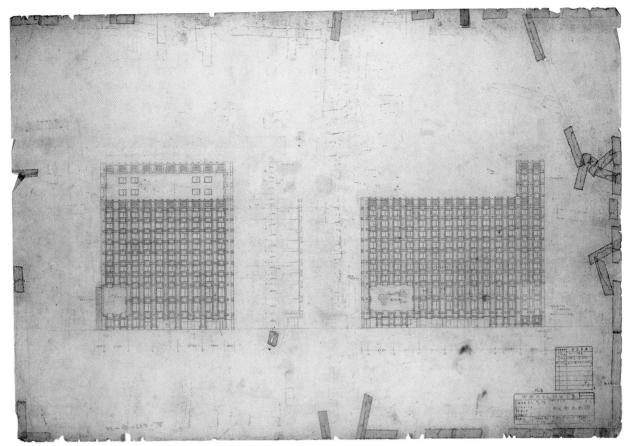

窓と壁面の装飾枠が接続され、幾分垂直性が強められている。ペントハウスの壁面にも窓枠と同様の装飾がみられる。南西低層階部分の開口部のない壁面には、彫刻を取り付ける書込みがある。　　　南立面図　V-13-D-18

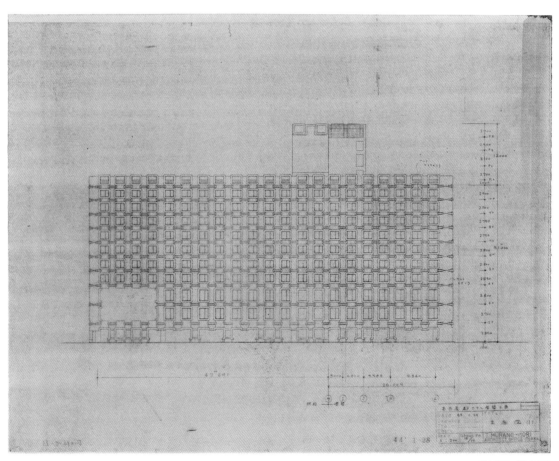

増築時に描かれた立面図。増築部分は既存部のデザインがそのまま踏襲されている。　　　南立面図　V-12-C-13

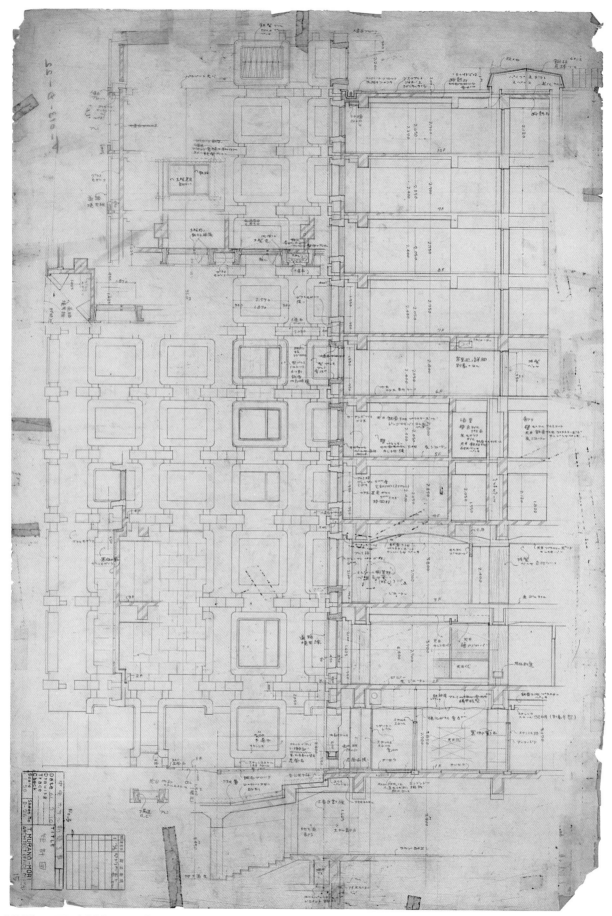

検討段階での図面。窓装飾枠の下地はプレキャストコンクリートであると思われる。またその形状や壁面からの出寸法が実現されたものよりも大きい。窓の間にある壁面装飾の見付形状はロの字型ではなく長方形であり、窓装飾枠と4か所で連続した表現となっている。

矩形図　V-13-D-22

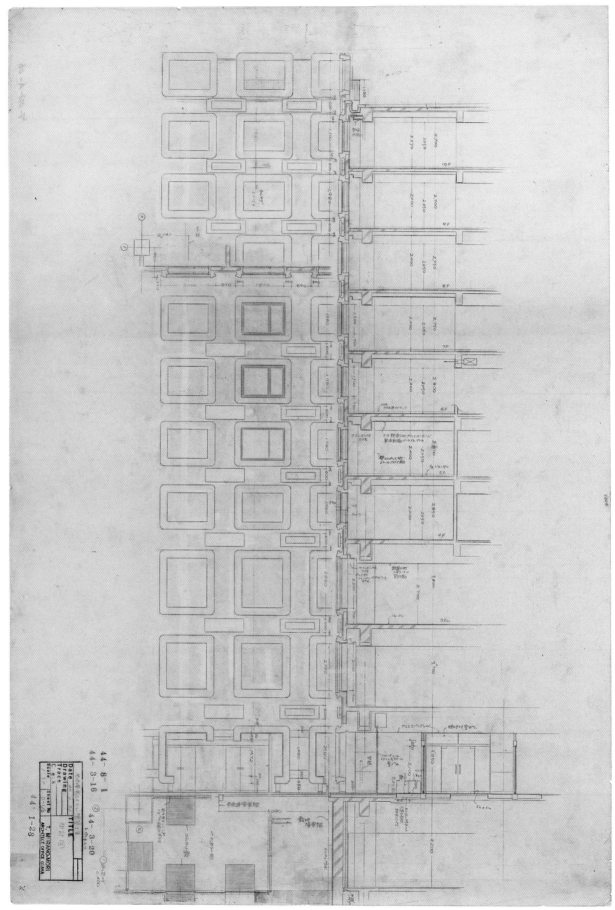

増築時の図面である。窓装飾枠と壁面装飾が分離され、互いに独立しているなど、実現された壁面のディテールを追うことができる。　　　客室外壁矩計図　V-13-A-6

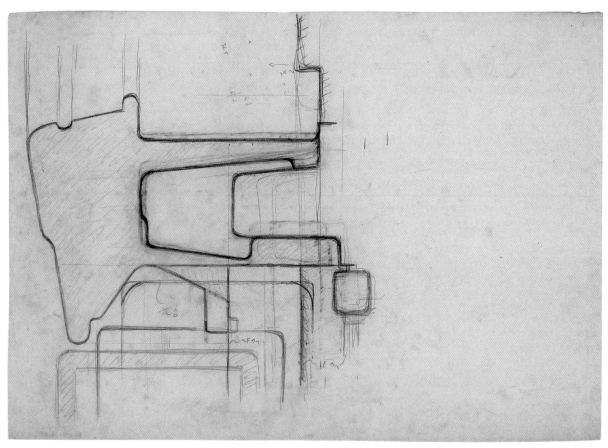

窓装飾枠の原寸検討スケッチ。実現されたものとは形状が異なる。持出のための下地も鉄骨ではないと思われる。

窓装飾枠詳細検討スケッチ
V-13-A-9

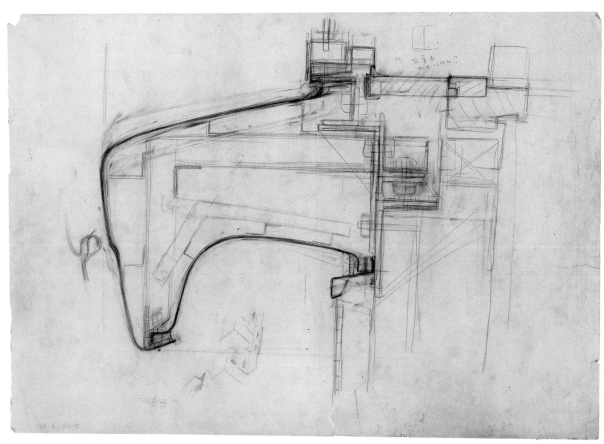

アルミの曲げ物による窓装飾枠の検討図。パネルの組合せ方や鉄骨下地による支持方法も検討されている。

窓装飾枠詳細検討スケッチ
V-12-A-2

佐伯邸

1965年

建築主、佐伯勇（近畿日本鉄道7代目社長）は、1965年、奈良市登美ヶ丘北、ため池の畔に、村野藤吾の設計で自邸を新築する。村野は、桂離宮を範にして、雁行型平面の基に、当時の最新の設備（空調、照明、給排水）で、「見立て」「取り合わせ」を駆使して、現代数寄屋を表現する。書院風数寄屋の広間の茶室、四畳半の茶室を、「普遍性」と「可変性」という概念を踏まえ場所性、時間性、身体性を取り込み、具現化させた。　　　　　　　　　　　（安達英俊）

前庭から見る*

北西側から見る*

バルコニーから庭を見る*

和室*

*撮影：市川靖史（2016年）

1965年の桂離宮
―― 佐伯邸の描線

安達英俊

図1　村野藤吾による佐伯邸スケッチ
（所蔵：京都工芸繊維大学美術工芸資料館）

図2　アプローチの透廊　雁行する軽やかな屋根、柱。
（撮影：安達英俊）

● 建築の諸元

　建築主・佐伯勇（1903～1989）は、7代目・近畿日本鉄道（以下近鉄）社長（在1951～1973）につく。佐伯は、近鉄中興の祖と呼ばれる。現場をよく知る佐伯は、1959年、伊勢湾台風の甚大な被害を、陣頭指揮で沿線の改修工事、増設工事、営業路線拡大へと反転する。

　奈良市学園前登美ヶ丘の開発は、1950年代後半より前々社長、種田虎雄（1886～1946）が着手し、さらに村上義一のあとをうけ、佐伯が完成させる。

　新駅南側には、駅名「学園前」の表す通り帝塚山学園を誘致し、さらに大和文華館（1960年／吉田五十八設計）を開館させる。登美ヶ丘開発の最後の仕上げとして、北側奥地に南ため池（大渕池）を配する敷地10,000㎡の自邸設計を村野藤吾に委ねた。

　村野と佐伯は、ほぼ同世代である。この建築の竣工時、佐伯62歳、村野74歳である。

　文楽、清元に造詣が深く、武家の気概とでもいったものを持つ佐伯は、書院造りの接客空間と、自らの私的空間を併せ持つ端正な住まいを計画する。

　村野と近鉄の関係は、近鉄の前身大阪電気軌道株式会社によるあやめ池劇場（1929年）から始まる。それは、村野独立の年と重なる。戦前、戦後を通じて、阿倍野、上本町の村野建築群は、近鉄駅周辺の街並みを形成した。

　村野は、渡邊節の元にいる時、新京阪電鉄天満橋停車場（1926年）を担当している。渡邊は鉄道院時代、第2代京都駅を完成させているが、渡邊建築事務所OBの聞き取り調査では、村野は、この時点で鉄道の建築計画の手法を身に着けたということであった。

● 建築のプロセス

　アプローチは、北の正門より左手（東側）に前庭を観つつ、透廊が軽快に雁行しながら、表玄関に導かれる。

　ここに、1葉の村野スケッチ（図1）がある。アプローチを俯瞰したものである。

　「砂利」を囲むように、「シダレ桜」、「ボタン」、「ツツジ」、「ボケ」、「竹」、「ヤナギ」、「ツゲ」、「アセビ」、「ワビスケ」、等の樹木の名称が読み取れる。

　家具平面図（II-13-G-2）及び1階平面図（AN.5528-7）を見てみよう。

　玄関部を介して左（東）側に和式、右（西）側に洋式が配されている。その奥には家族諸室が並ぶ。応接間、居間、食堂は中央部に位置し、和風を強く意識した洋風である。月見台、広縁にあたる、「テラス」「バルコン」が付加され、外部との仕切りは、ガラス建具と雨戸の、二重のスキン（皮膜）が施されている。

　和式部の構成は、茶室「伯泉亭」と名付けられた、八畳平台目の広間席と四畳半を中心として、南側の建具と東側の建具に高さの違いをつけ、風景の変化に呼応する。

　表千家残月亭の研究や、自邸での「残月の床」の検証が結実する。堀口捨己（1895-1984）の八勝館御幸の間（1950年）の広縁、月見台に通じ、南東に広がる大渕池との関係は刻々と変化する時間を愛でることができるのである。

　堀口と村野の数寄屋造りの、思考の差異を検証してみよう。

● 堀口と村野

　堀口は、茶室の思想的背景から導かれて茶室の構成を次の4つにまとめあげる。

1. 反相称性――茶室建築の共通性として反相称性（アンシンメトリィ）であり、これは「不同の理」茶の湯の思想の現れである。
2. 構成的な表現――建築の表現法が構成的であるために、材料は素材を活かした物となる。
3. 反多彩色主義（アンチポロクロミー）
4. 平面計画の多様性

　堀口は歴史的な背景において内なる行為で建築を語る。建築家の眼差しで数寄屋造り――茶室や住宅――を見ていたのである。

　堀口は、「池をはさんで、互に見合う大きな松、その間に朱塗の大橋、これが、昔、桂離宮の庭を、組み立てていた最も著しい見所の中心であった」という[*1]。「桂宮御別荘全図」、「桂御別業之記」等の文献により、松琴亭の前庭池にかかる朱塗り欄干のある大橋と、松琴亭書院の白と藍の市松模様の襖との色彩対比へと辿りつく。

　一方、村野は、和風建築の習得について、次のように、記述している。

　「私にいくらか日本建築について、もし私流という言葉を許していただけるなら、自己流の道を模索する糸口のようなものを与えてくれたのは泉岡さんではなかったかと思う」

　戦中、村野は河内の民家を移築して、泉岡言説の事象を検証する。同時期、官休庵家元の愈好斎千宗守（1889～1953）を師として茶道を学び、1941年から1944年にかけて、「茶道日記」で茶事、茶道具、茶席、茶会記とともに、戦中の心境を書き残している。

図3 北側前庭より　玄関及び接客棟、奥の2階建ての家族棟を望む。（撮影：安達英俊）

図4 茶室（八畳半台目）の南庭より　応接間、食堂の雁行型が連続する。（撮影：安達英俊）

図5 桂離宮配置図（出典：堀口捨己『桂離宮』、毎日新聞社、1952年）

● 村野和風の系譜

「村野和風」とは、村野邸（現存せず）から松寿荘（現存せず）に至る系譜にあり、その真髄は「きれい寂び」に、あろう。「枯れかじけて寒い心、つまり浮わついたところの」少しもない醒めた心である。利休が「侘数寄常住」という一見平凡な言葉の中に匿し持っていたものが、一瞬、白い刃となって閃いた感じである。

紹鷗に倣って言えば"建築の果てにもまたかくありたき"であり、"文学の果てもまたかくありたき"である。利休の奥義的表現に当て嵌めると、建築の場合も文学の場合も、「枯れかじけて寒き、常住に候、もの創る、肝要に候」ということになろうか。

こうなると、村野がそれとなく静かに身に着けている純一で、烈しいものの正体がはっきりする。枯れかじけて寒い、何ものにも酔わぬ醒めた心であり、それ以外の何ものでもない*2。

● 1965年の桂離宮

障子には、通風のため、スリット小窓がリズミカルに並ぶ。

桂離宮の「写し」を随所に配し、空調設備や照明設備、厨房には、当時としては最新設備のシステムキッチン、食器棚は、ラワンでの見事な造り付け家具である。

北東から南東に、緩やかに雁行する南面は美しく、秀粋である。

茶室の突上窓には、忍ぶように照明設備が配されている。

立面（AN.5528-2）において「雁行型平面」は、寄棟瓦屋根、銅板葺き庇屋根が軽妙に連なり、優美なる景観を魅せる。その一部に、大和屋根茅葺、柿葺きの土間庇が、ひかり、かぜ、あめ、に呼応する。軒を支える独立柱は、内部より可視のものは丸柱、不可視のものは角柱という変化が見える。背割れは外側に配置、埋木が施されている。平面図（AN.5528-7）から読み取れる軒柱（北山杉）は、角材ではあるが、村野は、現場第一主義で、丸柱と角柱の併用にしたと考える。軒の出は、桔木（はねぎ）で、垂木をのばし、その垂木も、丸と角の変化を施している。

内装の床、壁、建具には、瀧村織物、川島織物、唐長（襖紙）が職人技を魅せる。まさに数寄屋・桂離宮を計画、施工するのである。

桂離宮（図5）の再造期（1641年頃以降の造営）には、智忠親王周辺に小堀遠州がいた。遠州の茶風は利休の「侘び」とは異なり、公家的な「きれい寂び」を志向し、茶室は書院風の広間で、開放的な明るいものであった。村野の佐伯邸は、まさしく遠州好みである。1965年の桂離宮と呼ぶに相応しい、建築、庭の出現である。

● 「普遍性」と「可変性」

「現在」という視点で持てる能力を駆使して設計する。それは建築を施主、社会、そして未来に送り出すことだ。本建築は佐伯氏亡き後、近鉄が出資した美術財団が受け継いで松伯美術館の附属施設となり、ほぼ原型のまま現在に至る。今も近鉄、美術館などによって維持管理されており、その努力に感銘をうける。

主要諸室を併用する和風建築と、主要室を異にする洋風建築を、見事に一体化させ、設備を、建築に隠して魅せるこの佐伯邸の最大の見どころは、「八畳半台目中板付広間席」であろう。

「残月の席」を参照して、木質、木割、規矩術を駆使して、和風建築を具現化する。北側の床柱、絞丸太、床框、杉面皮角の呂色漆仕上げ、中板、襖（唐長）が創り出す構成的な微妙なプロポーションは、「普遍性」を物語る。一方、南側は、松並木の先に大渕池のパロラマ風景を望む。四季折々の樹木、草花の「可変性」を楽しむ。

「普遍性」とは、「時間」に揺るがされず、その真髄を探ることであり、「可変性」は、「時間」の流れに委ね、時々刻々と変化する物質の宿命を意味する。相互に矛盾をはらみながら、日本美の本質が、感知できる。

この空間で、「主」と「客」は、茶を介して、時間を共有し、凛とした空気に身を委ねる。

図面の状況：
今日までの図面調査によると、佐伯邸原図は、家具平面配置図1葉、家具図面（27葉）他エキキース数葉のみである。
関係資料図面として、吉田龍彦氏より提供の図面（33葉・白図、青図・美術工芸資料館所蔵）である。

謝辞：施主、近鉄、佐伯氏の関係者、松伯美術館、施工の大林組の竣工図、参考文献の資料提供を受けました。お礼申し上げます。

註
*1　堀口捨己『桂離宮』毎日新聞社、1952年
*2　井上靖「きれい寂び」、『村野藤吾和風建築集』新建築社、1978年

参考文献
和風建築社編『和風建築秀粋』京都書院、1994年
『村野藤吾和風建築集』新建築社、1978年
佐伯勇『運をつかむ』実業之日本、1980年
安達英俊「慈光院の堀口捨己」『HIROBA』09号、近畿建築士会協議会、2002年
安達英俊「佐伯邸」、『京都だより』2016年1月号、京都府建築士会

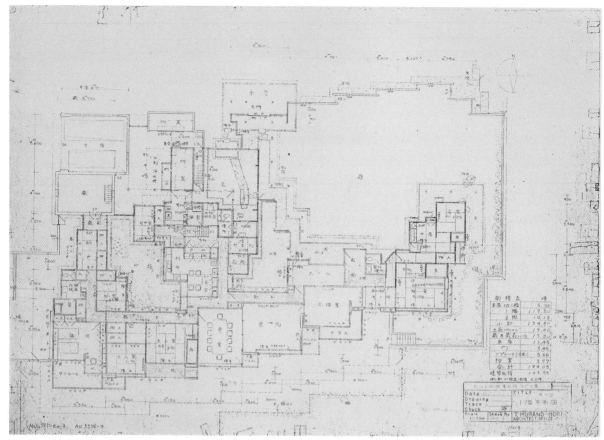

北側正門より前庭を介して、透廊は訪問者を左手(東側)の玄関に導く。東南部には、八畳半台目、
四畳半の茶室、応接間等が雁行し、西南部には家族棟が並ぶ。

1階平面図　AN.5528-7

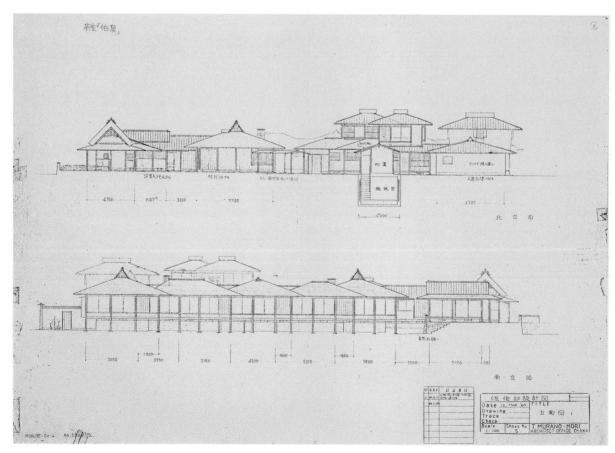

北立面は、大和屋根の妻側が印象的で、閉鎖的な表情である。南立面は雁行し、高床で、
桂離宮を彷彿させる。

立面図(1)　AN.5528-2

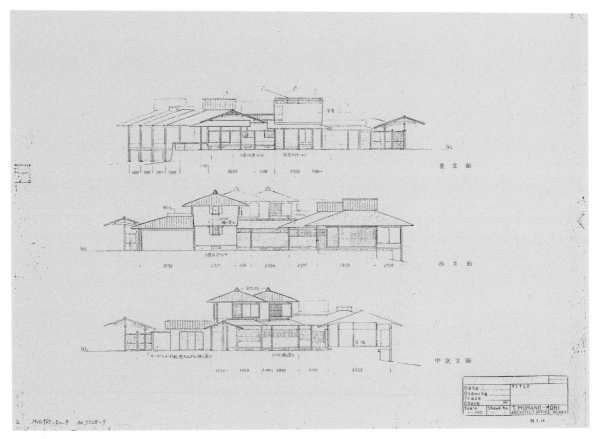

東立面には、南側の棟との高低差があらわされ、西立面は空気抜きの棟瓦が全体屋根を引き締めている。　　　立面図 (2)　AN.5528-9

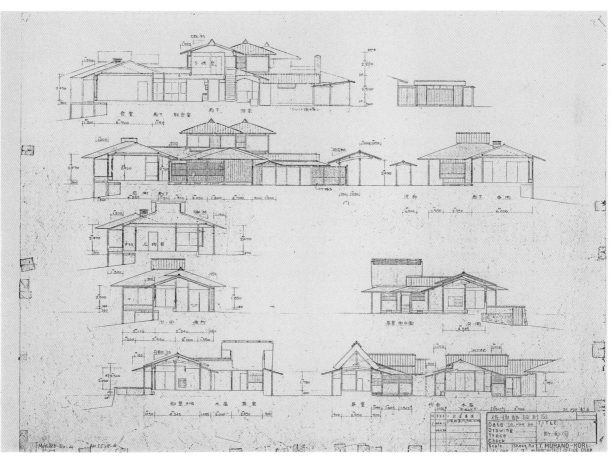

茶室の大和屋根、応接間、居間、食堂の屋根勾配の変化が見事に表現されている。　　　断面図　AN.5528-4

117

アイストップという手法で、視界を変化させながら導入する手法。　　　　　　　　　　　　　　　　　　　　　　　　アプローチスケッチ　I-19-B-1

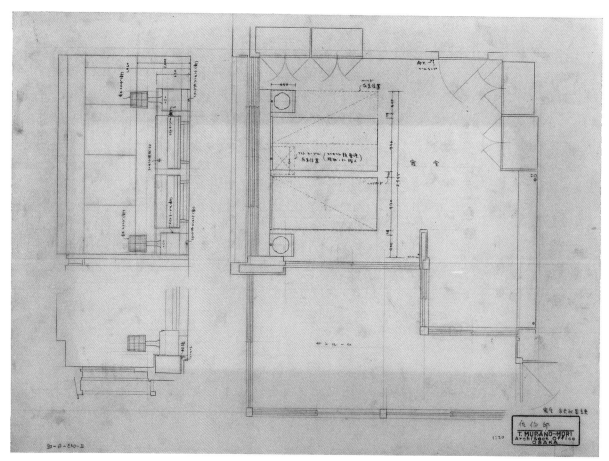

平面図、展開図に寝具の配置が検討され、ナイトランプ等の備品も詳細に描かれている。　　　　　　　　　　　　　　家具図（寝室）　II-13-G-2

上本町ターミナルビル・近鉄百貨店上本町店
1969・73年

近鉄による上本町の再開発計画「上本町ターミナル整備計画」の中心となった
ターミナルビル（近鉄百貨店）である。村野は「高級百貨店を表現する」ことを
課題とし、「素材の味」と「窓の表現」に重点を置いて設計を行った。その結果、
様式建築の構成が極度に単純化、抽象化されるとともに、白色大理石のもつ素
材感が加味された、軽やかながらも高級感をもった独特のファサードが生み出
された。　　　　　　　　　　　　　　　　　　　　　　　　　　（平井直樹）

北西側から見る（改修前）*

西側壁面を見る（改修前）*

北西側から見る（改修後）**

北東側から見る（改修後）**

*撮影：笠原一人（2008年）　**撮影：市川靖史（2016年）

121

高級百貨店を表現する
素材と窓

平井直樹

●沿革

上本町は、近畿日本鉄道（近鉄）の前身である大阪電気軌道（大軌）の頃から同社の事業の中心であった。1914年（大正3）、大軌は上本町と奈良とを結ぶ鉄道路線（現在の近鉄奈良線）を開業。1926年、都市計画道路建設のために駅を現在地に移設し、本社機能を含むターミナルビル「大軌ビルディング」を建設した。1936年（昭和11）には、この建物を転用して大軌百貨店を開業することとなり、ターミナルビルの南側に「本社（旧本社）」が建てられた。また、1954年には、その隣に「近鉄会館」が建てられている。

大阪万博を前に、近鉄は上本町の副都心化を狙った大規模な再開発計画「上本町ターミナル整備計画」を立案する。これは、「ターミナル立地の特性を生かしながら、周辺社有地約36,000㎡の高度利用を図り、ターミナルビルを当社の表玄関にふさわしいものとして総合機能を充実させ、同時に難波線、市高速鉄道の各駅等との交通動脈を有機的に形成しようとする基本構想」であった。こうした計画の背景には、1963年の建築基準法改正にともなう建築の高層化の動きがあった。

1967年1月、近鉄社内に「上本町ターミナル整備委員会」を設置。1968年5月に新しいターミナルビル建設の第1期工事に着手し、翌年11月に竣工した。これと並行して、1968年11月に「新本社」の工事に着手、翌年12月に竣工している。大阪万博の会期終了を待って、1971年2月にターミナルビルの第2期工事に着手、既存のターミナルビルを建て替えて1973年6月全館竣工した。そして、中断を経たのち、1985年10月に「都ホテル大阪」が開業し、計画は一応の完成をみた。上本町における近鉄の「本社（旧本社）」以降の建物は、ほとんどが村野の設計による。

●上本町ターミナル整備計画の全体概要

「上本町ターミナル整備計画」は、駅と百貨店からなるターミナルビルの建て替えと、ホテルや貸しオフィス等からなる超高層ビルの建設が中心となっていた。敷地は幅員の違う道路と線路に囲まれており、その条件（当時）からおおよそ配置が定まっている。北側の泉尾今里線（最大幅員60m）に面する東寄りの位置には超高層ビルを配置し、西側の東野田河堀口線（幅員22m、将来計画27m）と南側の道路（幅員8m）に接する位置に高層のターミナルビルを置く構成を基本とする。そのうえで、超高層ビルと高層のターミナルビルの形状およびそれらの関係を検討している。

矩形平面の超高層ビルと正方形平面の北東および南東側の角を

落としたターミナルビルからなるA案、十字形平面の超高層ビルと正方形平面の北東側の角を落としたターミナルビルとを組み合わせてその間に空地をとるB案、B案の超高層ビルを東西に長い八角形の平面にしたC案などが確認できる。第1期工事完了時点で公表された全体計画は、B案と同様の八角形平面をもつ超高層ビル（約140m）とより単純化された立方体に近いターミナルビル（軒高48.5m）とを中心とし、敷地の形状に沿って曲面をなす低層部によって双方を接続するものであった。また、これとあわせてプラットフォームの上にふたつの建物をつなぐ人工地盤を構築し、駐車場と駅前広場を設ける計画であった。このほか、道路を挟んだ南側の敷地に位置する近鉄会館と旧本社を解体してアミューズメントセンターを建設する計画や新本社の建設計画も総合的に検討されていた。

ただ、この全体計画は第2期工事を前に見直されている。これには、1970年に創設された総合設計制度を考慮して計画を再検討するという目的があったと考えられる。その中で、超高層ビルの平面には、細長い八角形のほかI形やT形などがあらわれている。

●ターミナルビルの建築

ターミナルビルは、村野・森建築事務所の設計管理、内藤多仲の構造設計、大林組・大日本土木共同企業体の施工による。ただし、計画の基本となるデータは近鉄側から提供され、それに合わせて設計されたという。構造規模は、鉄骨造一部鉄骨鉄筋コンクリート造地下4階地上12階塔屋4階である。ターミナルとしての機能を満たすために柱のスパンが長くとられており、その構造には板鋼を溶接して組み立てた箱形の柱が採用されている。

平面計画は、1階東側に位置する大阪線・奈良線のプラットフォームが基本になっており、その正面に百貨店のエントランスを置いている。南北に通り抜けることができる吹抜のコンコースをその間に配置し、中2階に駅待合室を設けている。ここでは機能を分けながらも、ガラスを用いて視覚的な連続性を持たせている。難波線のプラットフォームへは、地下2階のコンコースを経て、地下3階で接続される。1階西側では、外周部の柱から後退した位置に壁を設けており、道路と一体となった軒下空間を形成している。地下2階から10階までを占める百貨店の売場や、11階の大食堂および文化センターについては、建築としては機能に即した簡素な空間としている。内部においてとくに趣向を凝らしているのは、都ホテル大阪直営の高級レストランが入る12階（最上階）である。独立した部屋をずらして配置し、ロビー空間にあ

図1　近鉄が公表した透視図（第1期工事竣工時）
（出典：『ひかり』Vol.25 No.5、近畿日本鉄道、1970年）

図2　透視図（全体計画検討案）*

図3　透視図（全体計画検討案）*
（*撮影：多比良敏雄）

えて出隅や入隅を設けることで、奥行きのある空間を生み出している。レストランのカウンターや座席を水平連続窓と対応させることで、風景が一望できるように考えられている。レストランにおいては、グラスウール裂地貼仕上げの天井や特製タイルを嵌め込んだパーティションなどの繊細な造作が確認できる。

　この建築を特徴づけているのはファサードの構成である。道路に面する北・西・南面は、（当時の）ユーゴスラビア産白大理石を打込んだプレキャストコンクリートのパネル、裏側にあたる東面は、セラストンブロック（陶砕を使用した疑石ブロック）張りおよびプロフィリットガラス（溝形状の細長いガラス建材）壁面としている。2階は、西側立面の窓のみ他より突出させて出窓形式とし、ステンレスジュラクロン焼付の屋根とアルキャストの装飾的な窓台が付加されている。3階から11階は、側部を残してわずかに縦に長い窓（2,000mm×1,750mm）を壁面とほぼ同一面で配する。サッシはステンレスヘアライン仕上げで見付け寸法が抑えられている。外壁を構成するパネルは、実際の柱間を2分割（西面）あるいは3分割（南北面）し、実際と仮想の柱および壁（窓）によって割付けられている。12階は、上部の壁面をわずかに張り出させ、水平連続窓をまわしている。

　立面に関しては検討段階のヴァリアントも確認できる。ひとつは、柱形と梁形を表に出してハンチをつけ、形を上階ほど段階的に細くする意匠で、実施案と比べると直截的で重厚な意匠である。全体の構成は、「大阪ビルヂング八重洲口（現・八重洲ダイビル）」（1967年）に近い。もうひとつも、柱と梁による構成を基本として柱間を小分割せずに水平連続窓とした案で、「大丸神戸店」（1936年）の構成と共通性がある。ただ、どちらも柱のスパンが長い場合には間延びしてしまうおそれがある。おそらくは、こうした点も考慮した上で、構造の直接的な表現を避け、より抽象的な意匠へと展開させたと考えられる。

●村野の設計意図

　この建築の設計において、村野は「高級百貨店を表現する」ことを課題とし、「素材の味」と「窓の表現」に重点を置いたという。また、その建築表現については「こういうふうな単純でなおかつタッチの幾らかやわらかい感じを与えた百貨店は、いままで私が手がけたものではあんまりないわけですね。大衆というものを意識して、幾らか誇張だとか、それから表現のにぎやかさといいますかそういうことが、大衆に対する大衆の意識を計算に入れた表現のしかたのようにいままでは取り扱ってきたんですが、今度の場合は、むしろそれを幾らか煮詰めたような形で、表現に取り入れていると私は考えているんですが」と述べている。

　たしかに、村野がこれ以前に設計を手がけた百貨店のなかで、建物全体をこれほどまでに単純な幾何学形態に還元し、しかも白一色の素材で仕上げた建築は見当たらない。大衆を意識した表現としては、「丸栄」（1953・56・84年）や「東京丸物」（1957年）のタイル壁画がまず想起されるが、ここでいう「単純」は抽象的な構成全般を意味するのではないという点に注意したい。「そごう大阪本店」（1933・35・37年）では、蓄音機かラジオから着想を得た縦型ルーバーを付し、「丸栄」では、バンドとマリオンで壁面を細分化して薄紫色のタイルによるグラデーションをつけてみせたが、これらもまた、大衆にアピールするための付加的表現であったといえよう。

　しかしながら、この建築も、モダニズムの造形言語のみによる白い箱ではない。その意匠の根底には様式建築の構成がある。西面に注目すると、形が露出した1階と窓に装飾的な要素が残る2階部分が基壇、規則正しく配された窓が並ぶ3階から11階部分が主階、12階部分が屋階にあたる3層構成になっていることがわかる。また、立面の両側に壁を配置し、中央部分に縦長窓を配する構成も、様式建築のもつ安定感に通じる。その一方で、これらの境界や柱梁の構造は必ずしも明確になっておらず、出隅の面取りがなされたやわらかな白色大理石とそこに穿たれた薄くわずかに縦長のプロポーションを持つ窓とが相まって様式建築のもつ厳めしさは消し去られている。これは、第一生命館や大阪証券取引所のようなモダニズムの影響を受けた古典主義的建築が、細部を省略しつつも柱や窓の立体感を強調したのとは対照的である。つまり、様式建築の構成を極度に単純化、抽象化するとともに、白色大理石のもつ素材感を加味することで、軽やかながらも高級感を感じさせる独特の表現を成立させたといえる。これが、大衆を意識した誇張やにぎやかさを「煮詰めた」、村野流の高級百貨店の表現であった。

参考文献
『日刊建設通信』1969年11月22日
『日刊建設工業新聞』1969年11月22日
『日刊建設工業新聞』1973年6月14日
『ひかり』Vol.23 No.3（近畿日本鉄道、1968年）
『ひかり』Vol.25 No.5（近畿日本鉄道、1970年）
『ひかり』Vol.26 No.3（近畿日本鉄道、1971年）
『近畿日本鉄道80年のあゆみ』（近畿日本鉄道、1990年）

旧ターミナルビル（左側）へ接続する形で建設された第1期工事の完了時点での南西側外観が描かれている。　　透視図（第1期工事）　I-19-C-8

最上階の水平連続窓と内部空間（都ホテル大阪レストランの北西角カウンター席）の関係が描かれている。　　12階レストラン透視図（第2期工事）　#84-40

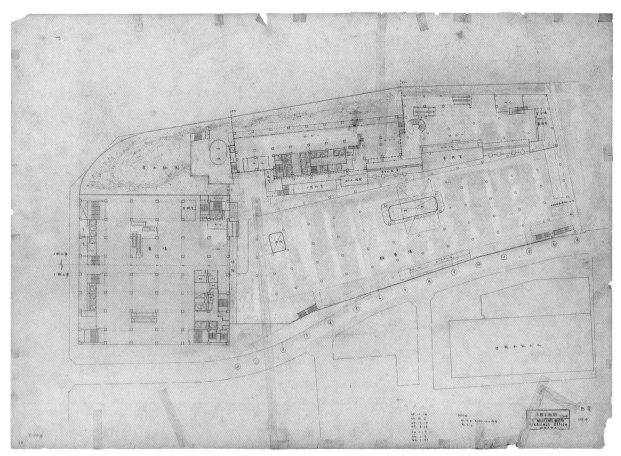

第2期工事を前に再検討された全体計画の一案。凸形の平面をもつ超高層ビルが描かれている。　　　　　3階平面図（第2期工事検討案）　#97-8

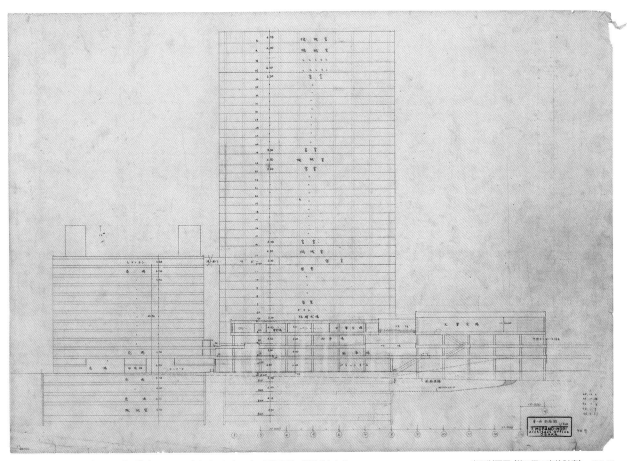

当初予定されていた超高層ビル（36階建てのホテル）とターミナルビルや駐車場の関係がわかる。　　　　東西断面図（第2期工事検討案）　#93-56

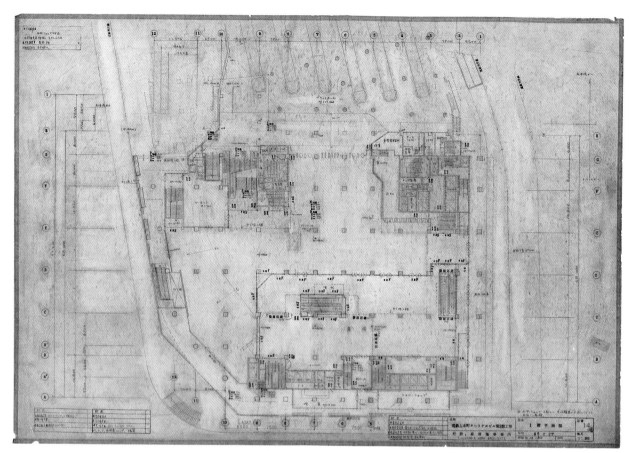

建物を南北に貫くコンコースを挟んで、東側にプラットフォーム、西側に百貨店の売場が位置している。　　　　　1階平面図（第2期工事）　#159-9

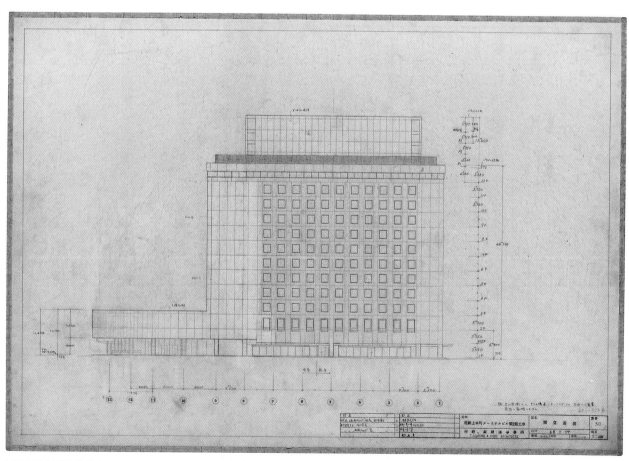

白色大理石を打込んだプレキャストコンクリートのパネルによる外壁。実際の構造とパネルの割付の関係がわかる。　　　西立面図（第2期工事）　#159-35

柱形と梁形を表に出してハンチをつけ、柱形を上階ほど段階的に細くする立面検討案。　　　　西立面図（第1期工事検討案）　#82-29

柱と梁による構成を基本とし、柱間を小分割せずに水平連続窓とした立面検討案。　　　　西立面図（第1期工事検討案）　#82-23

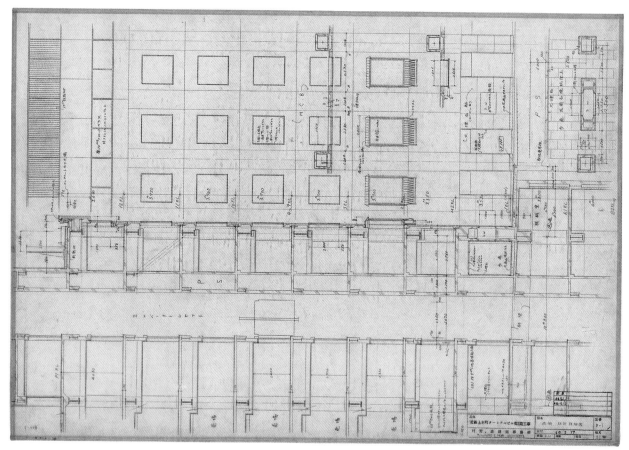

実際の構造と立面の構成の関係、外壁パネルと見込みの浅い窓の関係などが読み取れる。　　　　西側矩計詳細図（第2期工事）　#84-1

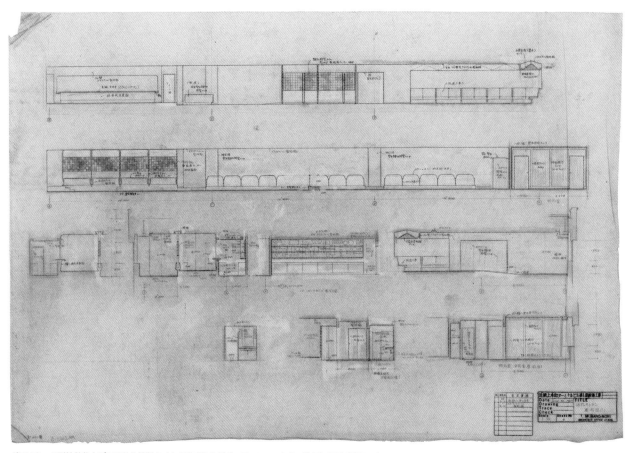

グラスウール裂地貼仕上げの天井や特製タイルを嵌め込んだパーティションなどの繊細な意匠が確認できる。　　　　12階レストラン展開図（第1期工事）　#12-5

近鉄本社ビル
1969年

近鉄新本社ビルは、大阪万博の開催を控えた1969年12月に竣工した。近鉄は、この時期事業拡大に歩調を合わせ、老朽化した事務所を建替えることとなり、新しく組織された電子計算機室なども統合された。新本社ビルは、鉄骨鉄筋コンクリート造8階建て。白系色の壁面に規律正しくサッシが並び、リズム感を与えながらも気品が感じられ、隣接の「上本町ターミナルビル」との統一感もある美しいファサードが特徴である。時代背景から軽い無機質的な超高層建築のファサードへの反骨精神も感じられる。低層部を張り出し、上階とは異なる連窓の大型サッシの採用や、2か所のバルコニーなど、リズムの中にも変化があるのがおもしろい。そして、7階のサッシだけが、同じリズムの中、他の階と微かに異なる形状をしており、それについてもいろいろな想像ができる建築である。村野藤吾78歳の作品。　　　　　　　　　　　　　　（豊田充広）

北西側から見る　竣工直後*

1階EVホールからピロティーの車寄せ方向を見る　竣工直後*

7階社長室　竣工直後*

北西側から2階低層部屋上を見る　現状**

*撮影：多比良敏雄　　**撮影：市川靖史（2016年）

リズミカルな美しさの中に

豊田充広

● **新本社ビル建設に向けて**

近鉄新本社ビルは、大阪万博の開催を控えた1969年（昭和44）12月に竣工を迎えた。昭和40年10月から始まった「いざなぎ景気」の到来により、近鉄は、鉄道事業だけでなく、バス事業や百貨店事業、不動産事業やホテル事業などのグループ全体の業績が伸び、事業拡大に取り組むこととなる。その中、昭和11年建設の本社事務所が、老朽化に加え人員増加により手狭になったことや本社機能が分散するという弊害も生じていたことから、上本町ターミナル整備計画の一環として、上本町駅ビルの南側の敷地において本社ビルを建替えることとなり、昭和43年10月に着工した。新本社ビルは、鉄骨鉄筋コンクリート造、地下1階、地上8階建てで、延床面積は、13,700㎡と旧本社事務所の約3倍もの面積となり、分散していた事業所も新本社ビルに統合されることとなった。昭和45年9月には、創業60周年の記念式典が、この新本社ビル8階ホールで行われることとなる。

● **単窓のリズム**

村野は、新本社ビルが竣工した昭和44年には78歳という高齢を迎えているのだが、この時期、事務所ビルの設計も盛んに行っている。「千代田生命本社ビル」「八重洲ダイビル」「（一連の）高橋ビル」「日本興業銀行本店」などそれぞれファサードに特徴がある作品である。その中でも、近鉄新本社ビルは、白系色の壁面に規律正しくサッシが並ぶファサードの美しさが特徴である。一見単純に見える立面ではあるが、縦横2m弱のほぼ正方形のサッシが4面共に同じリズムで配置され、隣接する「上本町ターミナルビル」との統一感も意識したデザインとなっている。外壁の仕上げは、白系の小口タイル貼で、アルミサッシはジュラクロンの焼付仕上げである。機能を優先させた平面形からくるイメージや企業イメージもデザインに影響しているに違いないが、前年の昭和43年に超高層建築の第1号として竣工した霞が関ビルの無機質な軽いファサードに対して、村野は、あえてコンクリートの重厚さを白色系の壁面と単窓のサッシのリズムにより、表現したのではないだろうか。

● **謎？ 7階の窓**

さて、図面を検証してみると、ほぼ現状の平面形となるのは、着工が迫る10月の図面においてである。設計途中に増設されたと思われる地階と2階の張り出し部分には、電算機械室やPCS室、キーパンチャー室等が見てとれる。これは、昭和42年に新しく情報収集の目的に組織された電子計算機室を新本社ビルに統合する会社の意向が表れている。

そして2階の張り出し部は、上階とは異なる連窓の大型サッシが外周を回り、明るい開放的な事務室となっている。張り出し部の中央付近には、今は屋根がかかってはいるが、事務室の奥にも光を届かせるライトコートも見てとれる。張り出し部の屋上には一部緑化も施され、現在も前面道路から鮮やかな緑が目に入る。3階から8階までは同一平面形で構成され、コアを中央南側に配置して、道路面の西、北、東側に事務室を設けている。7階は役員フロアーとなっており、昭和42年11月の図面を見るとコアの位置を変えるなどのエスキースも数点残っており、重要なフロアーだけに打ち合わせを重ねたことがうかがえる。

立面図の描き込みからは、食堂や役員室等のある6、7階が2重サッシに変更されていることも発見できる。当時、北側に隣接する上本町駅は、上部に建物がなくオープンであったため、鉄道音や駅舎の音を遮音するための変更に違いない。また東側の立面には、唯一同面のサッシとは異なる箇所がある。7階の両端部分にバルコニーが設けられているのだが、そこは社長室、会長室となっており、他の役員室との違いを表しているが、立面的にも、一定のリズムの中に変化を与える効果が生まれている。そしてその7階のサッシに謎がある。図面では、はめ殺しのガラスに下部スベリ出し窓となっていて、他の階と同じ形状ではあるが、竣工時7階だけがすべり出し窓がなく、全面はめ殺しサッシとなっている。これは、何故なのか。現場中の変更と思われるが、場所が7階だけに役員室からの眺望に配慮したのでは。いや、より遮音性を高めるために全面はめ殺しサッシを採用したのであろうか。また他に現場で変更されたと思われるものに、各サッシの上部のまぐさ飾りがある。これも図面にはないが、微かな陰影がサッシのリズムをより強調するものとして追加されたことは容易に想像できる。同じように7階のサッシもデザインの変化として変えたのかもしれない。面白いところである。

近鉄本社ビルは、竣工から半世紀近くを迎えようとしており、北面以外の外壁に耐震補強の添壁や耐震フレームが設けられたのは残念だが、現役のままであることが素晴らしいことでもあり、飽きずに見ていられる建築である。

参考文献
『近畿日本鉄道100年のあゆみ』近畿日本鉄道株式会社発行、2010年
『村野藤吾1964→1974』新建築社、1983年

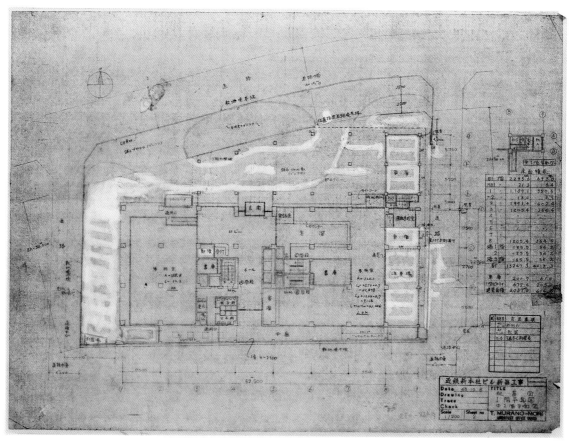

日付は昭和43年10月8日。12月にかけて修正の遍歴がある。ほぼ現状に近い平面であるが、まだピロティの車寄せの形状や西側の外構部に検討中の跡が見られる。

配置図兼1階平面図　#158-33

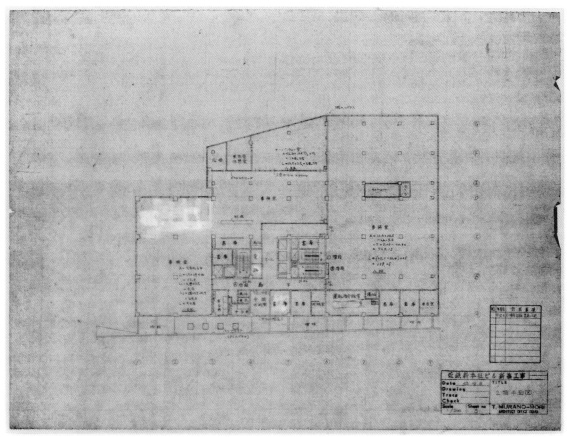

地上階では、2階だけが図面のように北側道路まで張り出している。地階の張り出しと同様、当初の図面にはなかったことから、新しい組織の拡大に合わせた増床と思われる。外周は上階とは異なり、大型の連窓サッシを回している。事務室の中央には、ライトコートがある。

2階平面図　#158-32

133

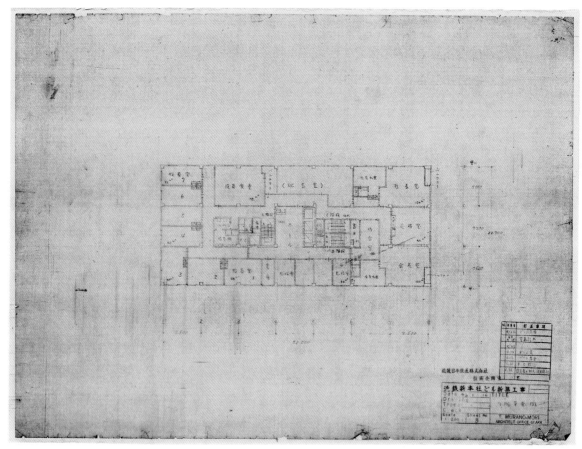

役員フロアーである。西側に役員室。東側に会長室と社長室がある。その2室にはバルコニーがあり、立面のリズムにも変化を与えている。

7階平面図　#158-27

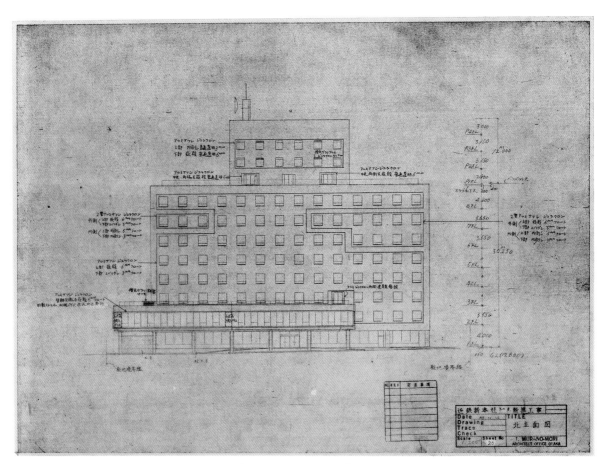

着工後の昭和43年11月の図面である。6階と7階のサッシが二重サッシに変更する描き込みや他のサッシの形状やガラスの厚みなどの描き込みがある。この時点では、7階のサッシは、他の階同様上部はめ殺し下部すべり出し窓となっている。またサッシ上部のまぐさ飾りも図面には描かれていない。

北立面図　#158-20

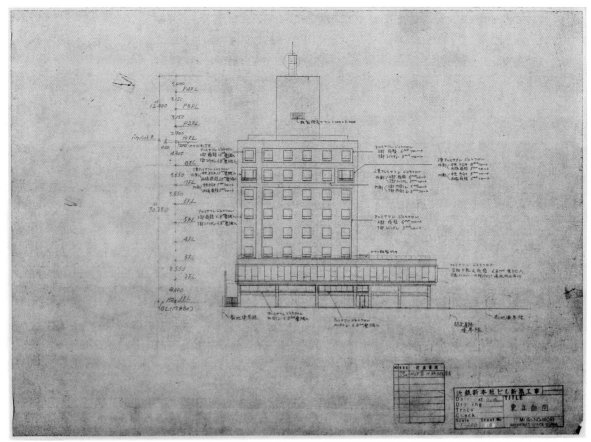

東面は、7階のみが2重サッシとする描き込みがある。その7階の両端は、会長室と社長室のバルコニーである。連続した単窓サッシの中、立面を特徴づける部分である。

東立面図　#158-22

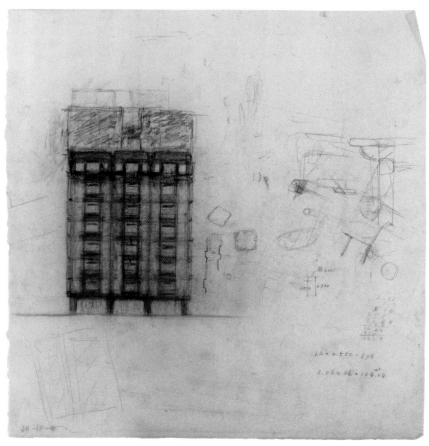

初期の立面スケッチである。完成した単窓サッシの連続性ではなく、スパン単位で配置する垂直性を意識したサッシの立面スケッチである。また、最上階を意識したデザインを検討しているのも想像できる。

立面スケッチ　#81-46

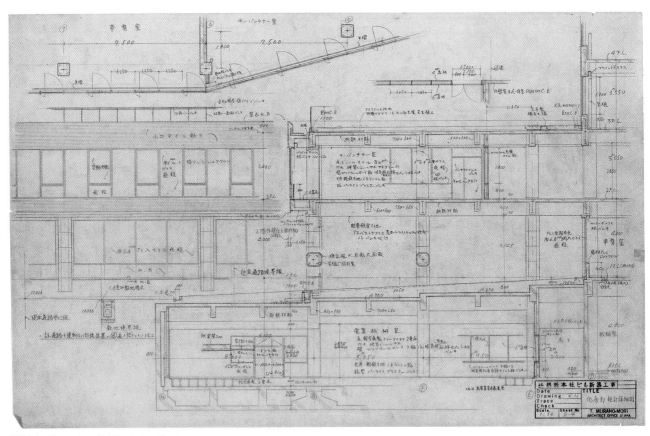

地階から2階にかけての矩計図である。2階のキーパンチャー室のサッシは、大型の連想サッシである。　　　　　　　　　　　低層部矩計詳細図　#158-16
地階には電算機械室があり、フリーアクセスの2重床が施されている。

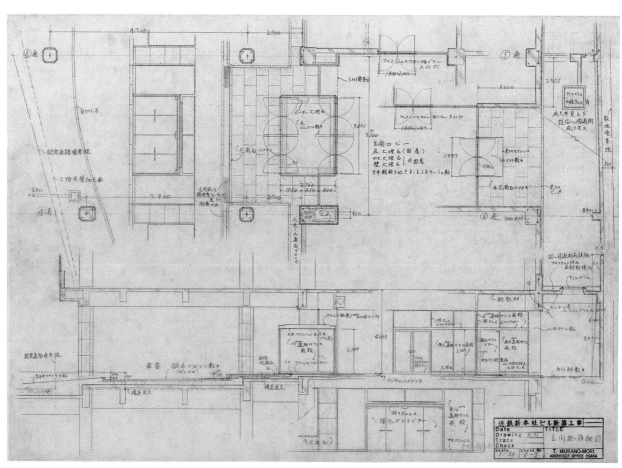

1階ピロティにあるエントランスの部分詳細図。細かいディテールはこの図面には描かれていないが、　　　　　　　　　　　玄関廻り詳細図　#158-4
全体的に細かい寸法や主要な仕上げの描き込みが多く、車寄せの断面が良くわかる図面である。

賢島駅

1970年

近鉄賢島駅は近畿日本鉄道の路線で最南端に位置する端式ホームのターミナル駅である。1929年に開通した志摩電気鉄道（鳥羽―真珠港）の小さな駅の一つであった。大阪万博開催を踏まえ近鉄グループによる伊勢志摩の総合開発が進められ、1970年3月には大阪・京都・名古屋から賢島まで特急の運行が開始され、志摩リゾートの玄関口として相応しい駅に建て替えられた。知名度は低いが、村野の秀作として評価したい作品である。　　　　　　　　（西島業士）

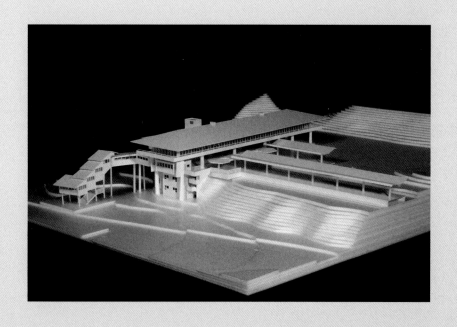

北東側から見る*

北西側から見る*

2階食堂*

駅改札口*

*撮影：市川靖史（2016年）

志摩リゾートの
"ゲートウェイ"

西島業士

● 新駅舎建設の経緯

　1960年代、近畿日本鉄道社長であった佐伯勇は、大阪万博開催を踏まえ賢島を中心とする志摩エリアを「第2の万博会場」として、志摩観光ホテル新本館・賢島カントリークラブ・志摩マリンランド・新賢島ロッジの開業や賢島別荘地の分譲など積極的にリゾート開発を推進した。また観光客の増加を見込んだ複線化や軌道拡幅など鉄道輸送能力の向上と駅の増改築など鉄道路線の充実にも取り組み、大阪・京都・名古屋から賢島まで直通の特急列車を運行させた。そのような一大プロジェクトの下に近鉄賢島駅（以下賢島駅）の新駅舎は建設され、1970年3月1日に開業となった。前年7月には志摩観光ホテル新本館が竣工し大型リゾートホテルとなったが、賢島駅は志摩リゾートエリアの観光客を迎えるに相応しい"充実した駅施設"と周辺リゾート施設へのアクセスに利便であるバスやタクシーなどが発着できる"駅前広場"を備えたターミナル駅へと変貌した。

　新駅舎建設に必要な用地として旧駅「南駅」北側の丘陵地を造成し、既存駅より約8.5ｍ高い位置に新駅舎が設定された。新駅開業時の賢島駅は普通車専用発着の旧線1線の「南駅」（現存・未使用）と特急専用発着となる2線1ホームの新駅舎「北駅」を併用し、南駅とは跨線橋で繋げられた。その後1994年3月15日に現在の5線4ホームに拡充され、同時に旧線を廃止、跨線橋も現状の位置に改築された。さらに2016年のサミット開催に合わせ、内外装のリニューアルがなされたとも思われるが、46年経った現在も開業当時のデザインをよく継承している建物として評価できる。

● 新駅舎の設計とデザイン

　賢島駅の最初期の図面として作成日1969年8月14日の「賢島駅改良計画案・1階平面配置図（AN.5259-03）が確認できる。その日付から新駅舎の設計は志摩観光ホテル新本館の完成直後に着手され、また意匠図・構造図の主要図面に記載の日付1969年9月1日から推断すると、短期間での設計である。本体工事は10月には着工、翌年2月末の竣工まで5か月弱の工事であった。当然、施工中も設計が継続されていたと考えられる。新駅舎は地上2階・地下2階の4層構造。規模は北駅面積算定図（AN.5259-09）に延床面積1997.34㎡、建築面積1177.38㎡と記載がある。主構造は鉄骨造、1階以下は鉄筋コンクリート造の建築である。

　この建物は「ゲートウェイ」と「リゾート施設」という2つのモチーフをもち、前者は東・北立面の「ピロティー状の1階上部に水平感を際立たせ浮き上がらせたような2階ファサードと寄棟屋

根」のデザイン、後者は西・南立面の「1・2階に重層してアクセント的に並べられたフランス積み煉瓦壁」などのデザインに表徴されている。屋根はアスファルトシングル葺で「赤銅色」。すこし違和感を覚えるが、志摩観光ホテル2階建て本館の「赤いスパニッシュ瓦屋根」に合わせた景観上の配慮と理解される。

　内外部の意匠は、一般的な仕上げ材と構造部材でもって「線」と「面」で構成されており、短工期を反映させた苦心のデザインである。照明器具の設えにも洗練された北欧の雰囲気が漂い、周到に練られたプランとデザインを各所に見ることが出来る。以下はその主要な項目である。

1) 開放的なコンコースの南端部に閉鎖性を嫌って'建屋内の建屋'の如く配置された駅務室。
2) 2階施設へ旅客の誘引促すコンコースの吹き抜け部と照明。
3) コンコースの鉄骨梁と一体化したスマートな天井埋込み照明。
4) 改札上家の全面に設置されたガラススクリーンの風除け。
5) 上部に向けて絞られ最上部で鉄骨の大梁を支持するコンコースの鉄筋コンクリートの十字型独立柱。
6) 大きなバルコニー軒を支持しリズミカルに並ぶ鉄骨化粧梁。
7) 4段に分割され、斜面立地に馴染ませた跨線橋の階段部分屋根。
8) 旅客を迎える趣向として設置した集改札前の傘型4連の上家[*1]。

　賢島駅の設計図面は、意匠図72枚（うち第2原図が17枚）、構造図40枚（うち第2原図が17枚）、設備図32枚（うち第2原図が15枚）である。意匠図と構造図の第2原図は原図と重複しており、実質枚数は意匠図が55枚、構造図は23枚である。スケッチ等の図面はないが、村野の自筆サイン入り図面が意匠図11枚に加え構造図にも17枚あり他作品に比べて多いことは特筆される。図面内容の承認を意味するサインは村野の所員に対する信頼の裏付けとも云え、そこに担当所員の優れた力量と多忙期における村野事務所の設計業務進め方を垣間見ることができる。

註
*1　この部分はこの駅舎で最も村野作品らしい凝ったデザインと云えるが、建物全体ではやや異質な印象がある。集改札前上家詳細図（AN.5259-20）に村野のサインがない理由かと推察される。

参考文献
『近畿日本鉄道100年のあゆみ』近畿日本鉄道、2010年
『最近20年のあゆみ』近畿日本鉄道、1980年
神崎宣武『経営の風土学　佐伯勇の生涯』河出書房新社、1992年

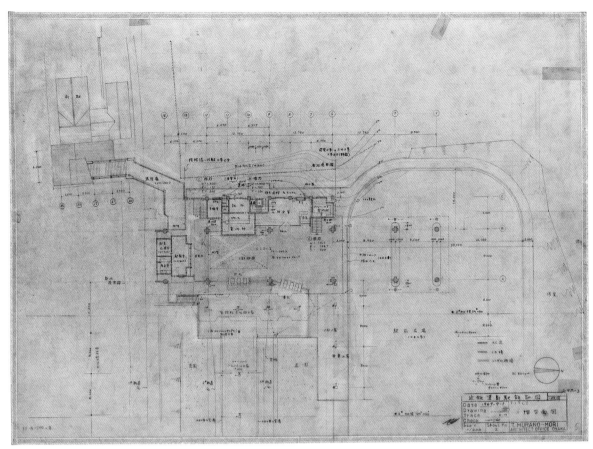

改札口からコンコース・駅前広場へと続く内外一体のメインスペース。跨線橋の位置の工夫もわかる。

1階平面図　AN.5259-11

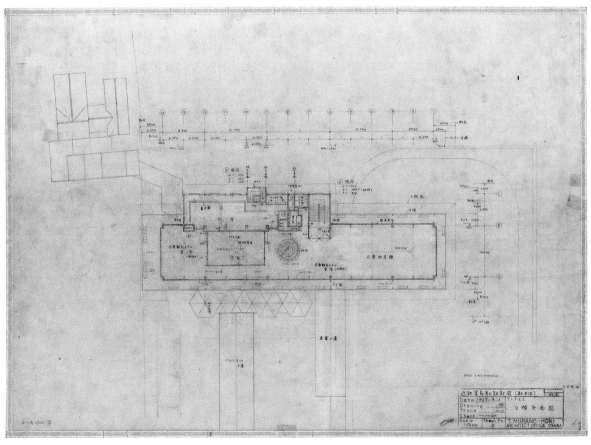

広いバルコニーを周囲に巡らし開放的な空間を現出させている。

2階平面図　AN.5259-12

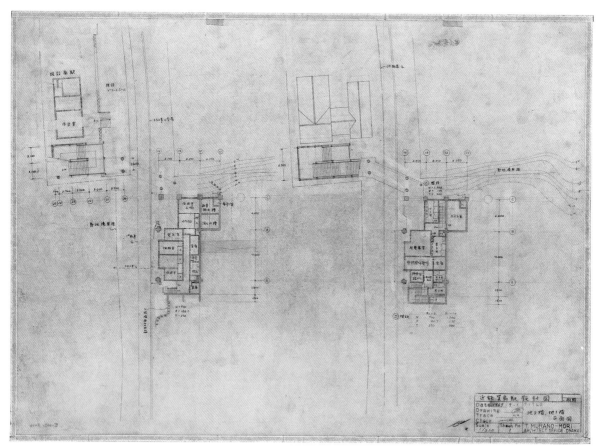

軌道敷と急傾斜地に配置され、軌道上部をクリアして南駅舎と繋ぐ跨線橋の工夫が見て取れる。　　　地下1・2階平面図　AN.5259-10

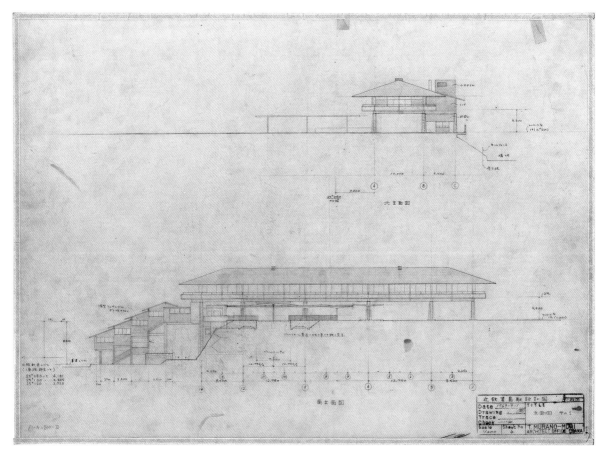

駅舎の到着ホーム・正面側となる東・北面は1階の大部分をピロティー状とし、「ゲート」を想起させる。　　　立面図その1　AN.5259-13

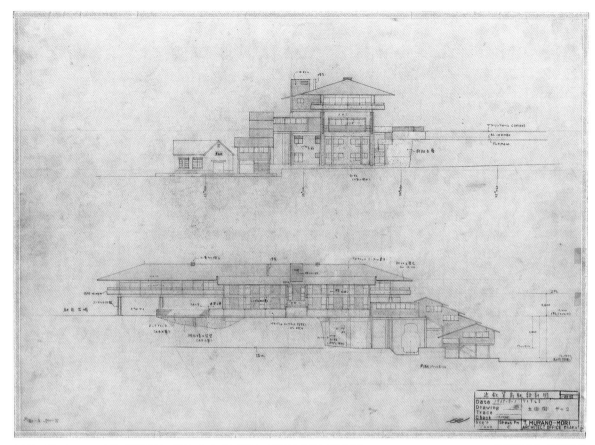

海側向け斜面が下る西・南面は周辺環境との調和、リゾートに相応しいデザインの工夫が見られる。　　　　立面図その2　AN.5259-14

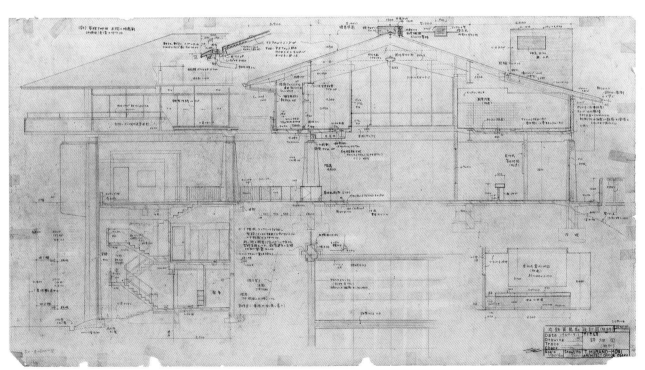

この建物の核心部分を表象する図面。細部まで周到に計画されていたことが理解できる。　　　　詳細図（矩計）　AN.5259-32

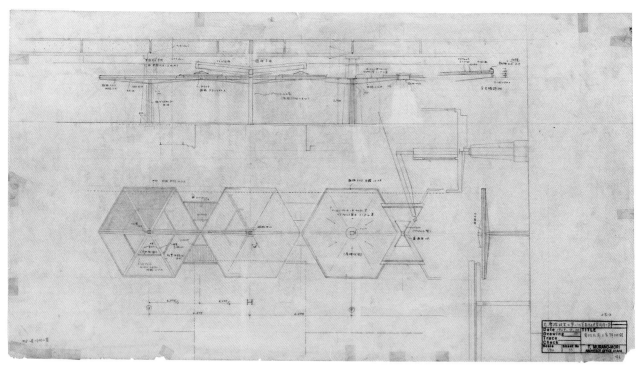

六角形の傘型屋根が4連繋がる構成である。柱・梁の加工や屋根・トップライトの納まりは習熟した技量による。

集改札前上家詳細図　AN.5259-50

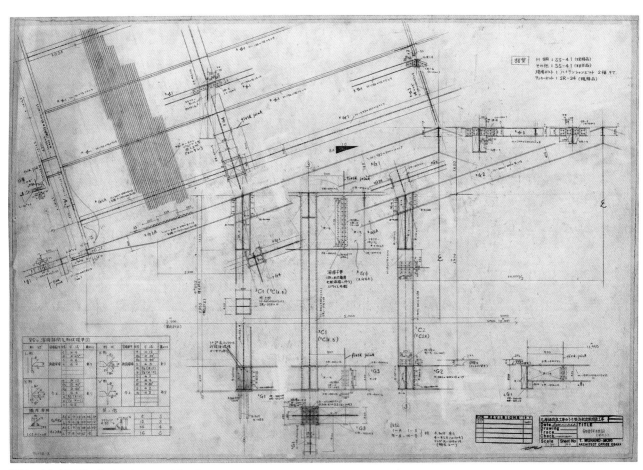

溶接加工した大梁や柱、絞った梁などはこの建物のポイントである。構造図面への村野のサインにも注目したい。

鉄骨詳細図　AN.5260-79

近映レジャービル・アポロ
(現・きんえいアポロビル)

1972年

近映レジャービル・アポロは1972年7月に開業した複合娯楽施設である。大阪市の阿倍野再開発事業を前提に新時代の副都心に相応しいビルとして計画され、映画館、ボウリング場、ゲームセンター、サウナなど多様化する大衆娯楽を網羅した。映画館を除いて入居する施設は時代と共に大きく変化したが、金色に輝く大きなカーテンウォールと両側に広がる白い裾が印象的な外観のそのビルは、きんえいアポロビルと名を変えた現在も変わらず阿倍野の娯楽シーンに無二の景を添えている。 (三宅拓也)

北側から見る*

北東側から見る**

北西側から見る*

屋上塔屋*

ベランダ内側*

7階従業員用階段*

*撮影：市川靖史（2016年）　**撮影：多比良敏雄（竣工時）

生まれ変わる
都市のアイコン

三宅拓也

近映レジャービル・アポロ（以下、アポロ）は1972年7月に開業した複合娯楽施設である。映画館を除いて入居する施設は時代と共に大きく変化したが、金色に輝く大きなカーテンウォールと両側に広がる白い裾が印象的な外観のそのビルは、きんえいアポロビルと名を変え現在も変わらず阿倍野の娯楽を支えている。

かつて阿倍野の娯楽といえば映画であった。その色を濃くしたのは1950年代で、近鉄グループの近畿映画劇場（以下、近映）がアポロ座（1950年）を開業して以来、3館が入居する近映会館（1954年）や、アポロ座とその隣地に建設された3館からなるアポロ会館（1957年）など、近鉄あべの橋駅周辺に次々と映画館が開業した（いずれも村野藤吾の設計）。界隈の映画館は1957年には10館を数え、その全てが近映系列の運営であった[1]。

近映は大小様々な映画館を整備し、さらには隣接して食堂ビルや飲食店街を開業するなど、映画を核として多彩な娯楽の場を創造した。娯楽の大衆化が急速に進むなかでボウリングやディスコといった新しい娯楽の登場は総合レジャー企業へと舵を切った近映にとっても無関係ではなく、社会の需要に応えるべく、都心部に登場し始めていた複合娯楽施設の建設計画に着手した。

複合娯楽施設の計画が動き出した背景には、都市計画上の要請もあった[2]。1969年4月に都市計画法が公布されると、大阪市は同年10月に阿倍野界隈の再開発計画の基本構想を公表し、阿倍野界隈を全国有数のターミナルとして大阪の副都心に発展させる方針を示した。都市計画決定は1976年を待たねばならないが、基本構想の段階でこれに沿った開発を慫慂された近映は、急遽、複合娯楽施設の計画実現を決めたという。再開発計画があべの橋駅北側を東西に通る尼崎平野線の道路拡幅を含んでいたため、遅かれ早かれアポロ会館の一部が道路用地として削られてしまうことへの事前の対応であったともいえるだろう。娯楽の大衆化・多様化と都市再開発という時代の要請が、レジャービルという新時代の複合娯楽施設を阿倍野に誕生させたのである。

アポロの建設計画は各界から招聘された専門家によって協議され、①大阪市の再開発計画にそった南の副都心に相応しいビルであること、②当代レジャーの3つの基本機能「ミル、スル、ヤスム」を満たすこと、③若者のみならず幅広い層に健全なレジャーを提供するという3つの基本構想が立てられた。

②と③によって募集された施設は、映画館、ボウリング場、ゲームセンター、サウナ、スタジオ、服飾店、料理教室などの施設のほか、バーやナイトクラブを含む飲食店、診療所にまで及んだ。建築には①に準じて再開発地域の環境整備に協力する形で公共性を取り込みながら多彩な施設をまとめることが求められた。

建て替え前のアポロ会館と同様に設計を託された村野は、自身が設計した隣地のアベノセンタービル（1970年）や前後の道路との接続を図りながら、制限高さほぼいっぱいに積み重ねたフロアのなかに、ボウリング場などの大空間と諸機能を配していった。老齢の村野にとっては馴染みない施設ばかりだったが、事務所担当者とともに自ら積極的に関連施設を視察したという[3]。

アポロの建築的な特徴は冒頭でも触れたファサードにある。その造形によって高層の中央部分の両脇に8層の塊が取り付いているように見える。しかし外側からは分離して見える左右の裾部分も内側では一体の空間で、平面計画的には敷地大の8層の塊の道路側に4層の高層部が載っていると見るのが自然である。つまり、本来は上下に8+4の構成が、ファサードによって左右に8+12+8の構成に変換されたと見ることができる。

計画当初（1970年2月）、アポロのファサードはまさに上下の積層を体現したものだった。それは隣接するアベノセンタービルと同様のデザインで、平面計画に加えてファサードも周囲と協調していたのである。その後、ガラス面を中央に配したデザインが検討され、1971年3月には現在のデザインに至る。前面道路からの非常用侵入口となるベランダを各階にもたらしたこの変更は、デザインにおいては、竣工パンフレットが言うように、「レジャーの性格を最大に表現するために、建物前面をガラスウォールで覆い」、「ヨットのセールを思わせるスソをつけ、いかにもレジャービルらしい、眺めて楽しいデザイン」となり、昼夜を通してレジャービルとしての個性を強調する結果を生んだ。アポロ会館への増築時にはファサードの連続性を重視した村野であったが、ここではむしろ唯一無二の建築的アイコンとなることを選んだのである。

外壁面から2mの範囲に限った変更で（正確には、ファサードの効果を上げるために高層部分の外壁の造形を調整している）、この建築は都市に対する自身の見せ方・立ち位置を大きく変えた。それは都市の文脈を引き継ぎながら新しい街づくりへと向かう阿倍野を象徴する、未来への一歩であった。

註
[1]　「新・盛り場風土記：大阪・阿倍野」（『キネマ旬報』1957年6月上旬号）。
[2]　『近映レジャービル　アポロ』（近畿映画劇場、1972年）。アポロの竣工パンフレット。以下、建設経緯に関しては本資料による。
[3]　元村野・森建築事務所所員、保科幸一氏へのインタビューより（2013年11月12日）。

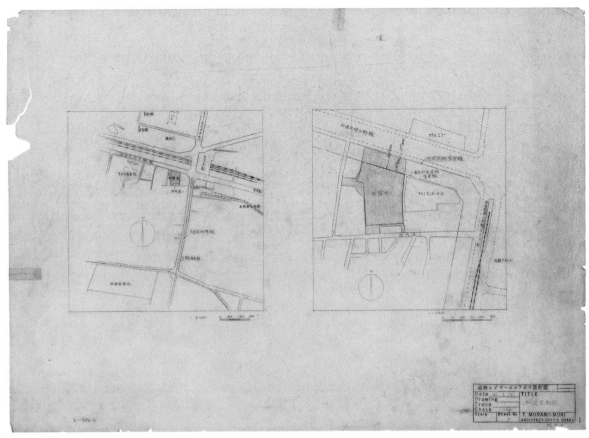

計画時点ではアポロ会館が建っていた。都市計画道路拡幅のため道路境界線が15m後退する。　　　　敷地見取り図　AN.5266-75

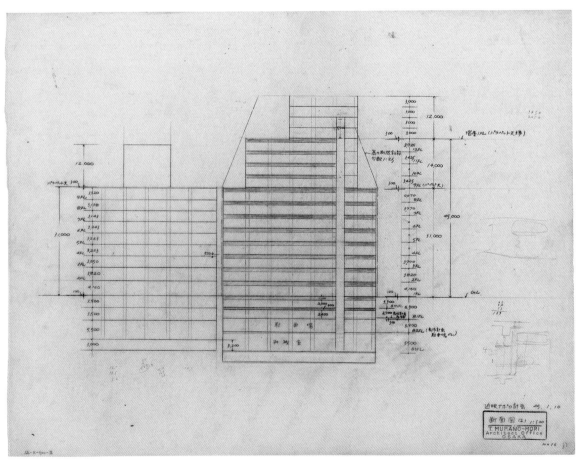

高さ制限でボリューム配置が決まる。左側（西側）のアベノセンタービルとは階高が微妙に異なる。　　　　断面図（初期案）　AN.5264-32

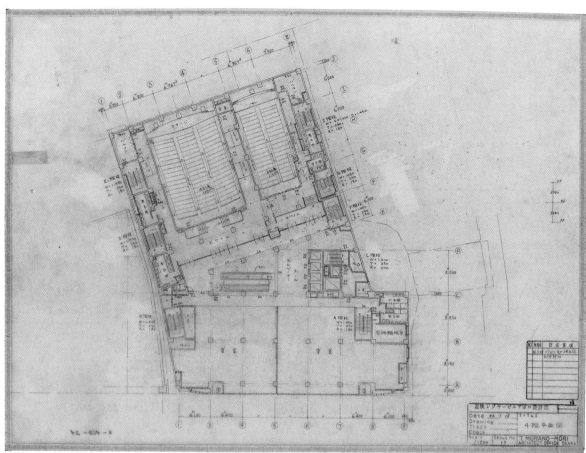

映画館は4-5階の2層分を占める。ファサードは道路境界線から2mの造形操作であることがわかる。　　4階平面図　AN.5266-95

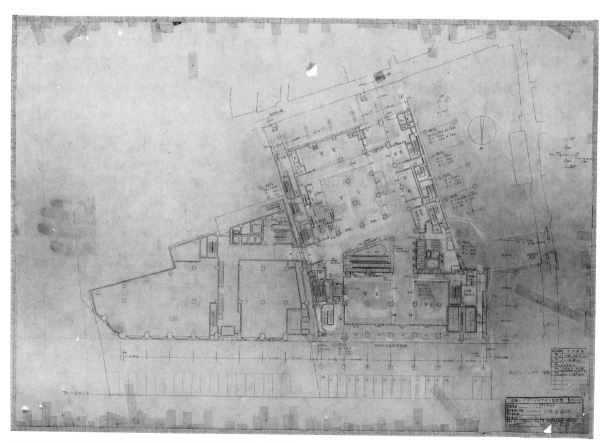

平面計画は隣接するアベノセンタービルとの連続が図られた。道路に平行な前部と、
敷地に沿った後部グリッドのズレを階段部分で繋ぐ。　　1階平面図　AN.5266-89

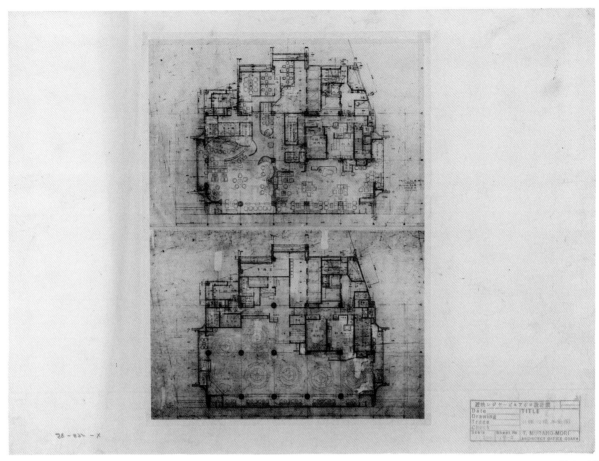

11階はパブリックバー「アポロイレブン」、12階はメンバーズクラブ「アポロ・トップクラブ」として使われていた。　　　　11・12階平面図　AN.5266-109（左右反転）

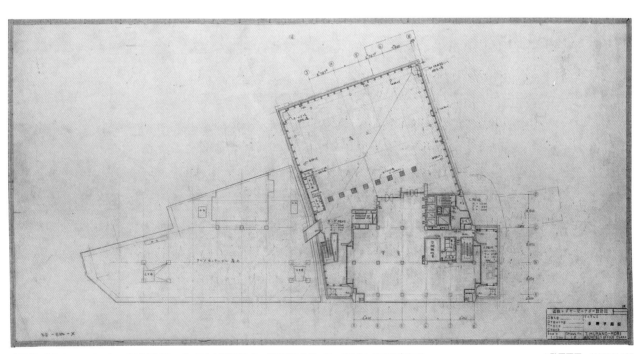

主要部の高さはアベノセンタービルと同じ31mで、屋上も接続された。高層部にはファサードに合わせてリブがつく。　　　　9階平面図　AN.5266-105

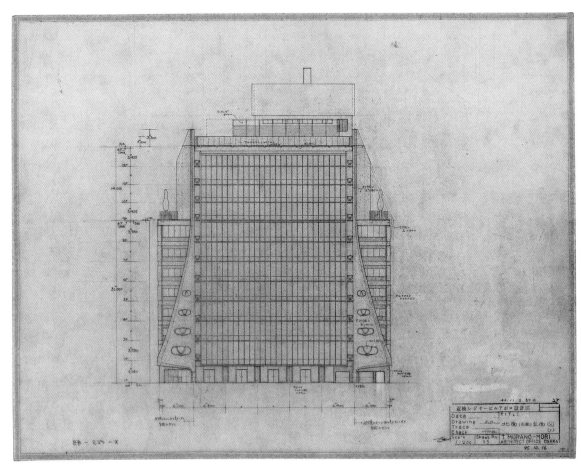

中央のガラス面と両側に広がり下りる袖壁が高さ方向を強調する。ガラスの細分割はヒューマンスケールに落とし込むため。

立面図　AN.5266-117

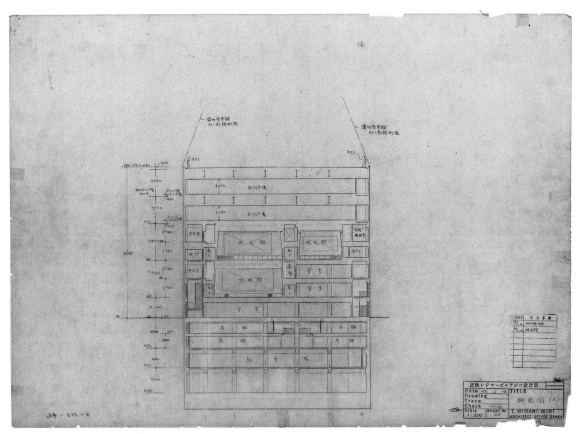

2つのボウリング場と3つの映画館が計画されたが、2-3階部分の映画館はディスコに変更された。

東西断面図（後部）　AN.5266-116

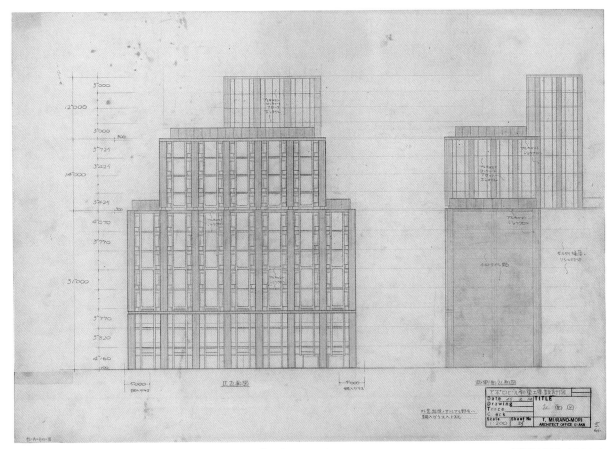

初期案はアベノセンタービルと同じファサードで計画され、隣地との協調が図られていた。
4階以上は階高が異なるため、水平の区切り位置は異なる。

初期案立面図　AN.5264-39

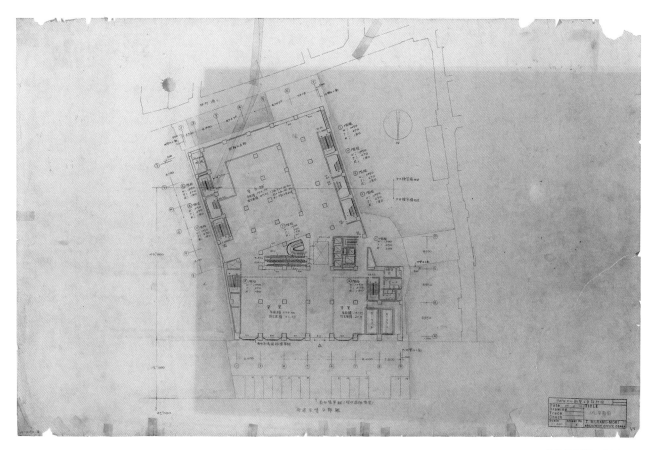

実施案の1階平面図と見比べると、ファサード部分の収まりが
アベノセンタービルと同じことがわかる。(150頁左下図面参照)

初期案平面図　AN.5264-44

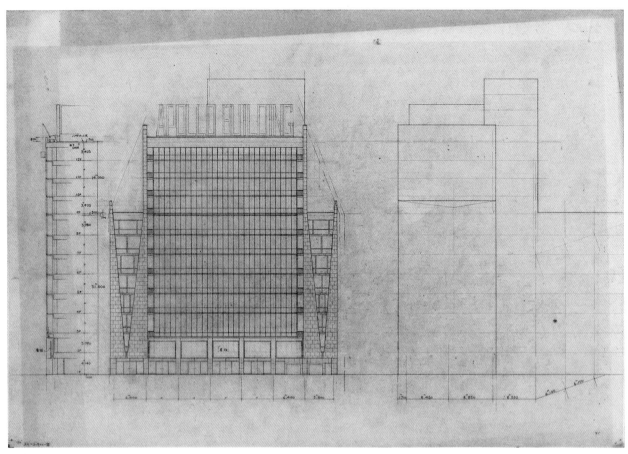

中央部をカーテンウォールとし、両側部分にはV字に切り込みが入る。個性が強調されつつあるが、端部の壁面を屋上まで引き上げることで隣の建物との連続を図っている。

立面検討案　AN.5265-42

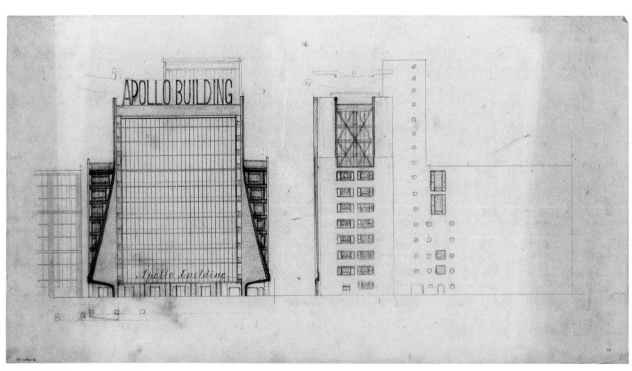

両端壁面を末広がりに下ろし、実施案に近づいている。袖壁の村野らしい造形のくり抜きや、高層部分のリブはまだ見られない。

立面検討案　AN.5265-43

都ホテル大阪
(現・シェラトン都ホテル大阪)

1985年

近鉄大阪線の始点である大阪上本町駅に接続して建設されたホテル。アルキャスト・パネルに覆われた高層棟の光沢ある直線的な形態を、低層棟の足元に力強く生え出る吸排気口などにみられる量感ある造形が支えている。施設計画においては周辺施設との連続が図られ、駅の直上にあったボウリング場をホテルの宴会場に転用するなど既存建築が大胆に取り込まれている。遺作のひとつとなったこのホテルの竣工によって、18年におよぶ上本町駅周辺の都市整備はひとつの区切りを迎えた。

(三宅拓也)

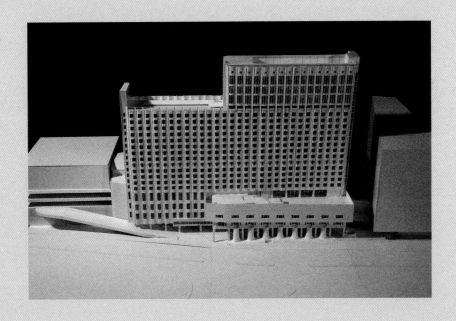

北西側から見る*

道路に面して並ぶ排気塔*

玄関ホール*

バーカウンター*

神前式場*

*撮影:市川靖史(2016年)

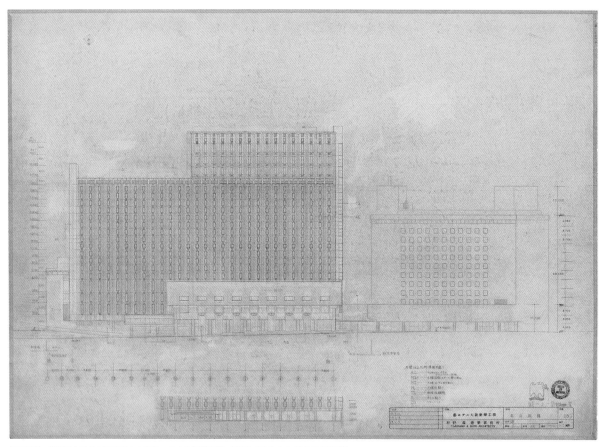

北立面図。超高層ホテルの計画は上本町ターミナル整備事業に当初から存在したが（122頁参照）、
実現した建築は高さが抑えられ、壁のように東西に延びる形態となった。

北立面図　V-17-C-30

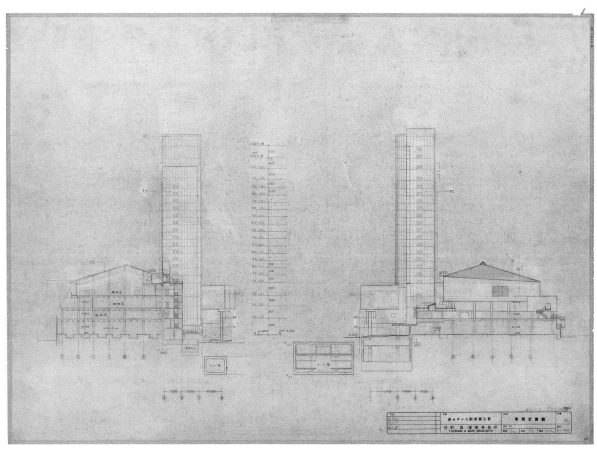

壁のようにそびえる高層部と、上本町駅コンコース上部まで広がる低層部による構成。
コンコース上部は、2階を駐車場、3・4階を宴会場とする。

東西立面図　V-17-C-32

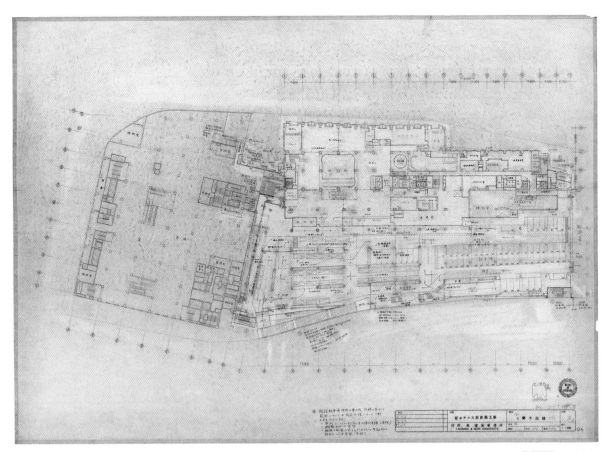

ホテルのメインロビーは2階に置かれ、1階から繋がる大きな吹き抜けに配されたエスカレーターでアクセスする。

2階平面図　V-17-C-14

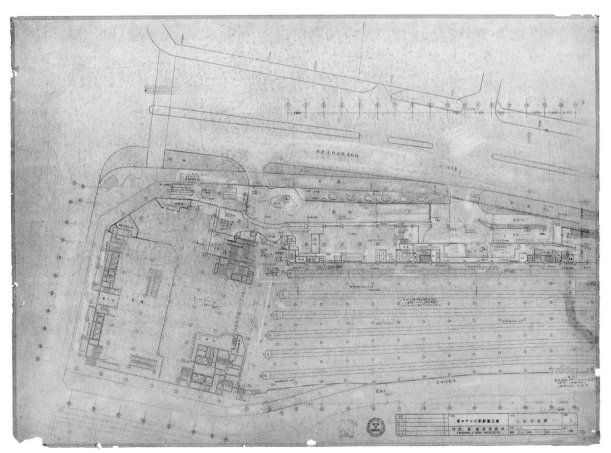

上本町駅コンコースと千日前通の間に高層棟が聳える。道路沿いに並ぶ楕円形は地階部分からの排気塔。西側の《近鉄百貨店上本町店》とは曲線状の壁面で繋がる。

1階平面図　V-17-C-10

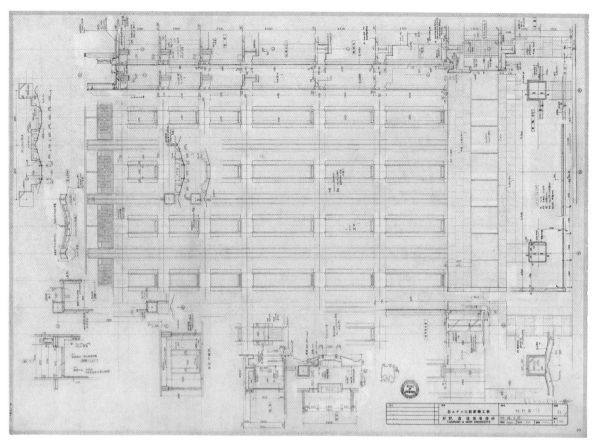

図は高層部のうち1段低くなっている部分で、西側にはさらに3階分が載る。ファサードの凹凸は空調設備を合理的に収める役割も果たす。

高層部矩計図　V-17-C-33

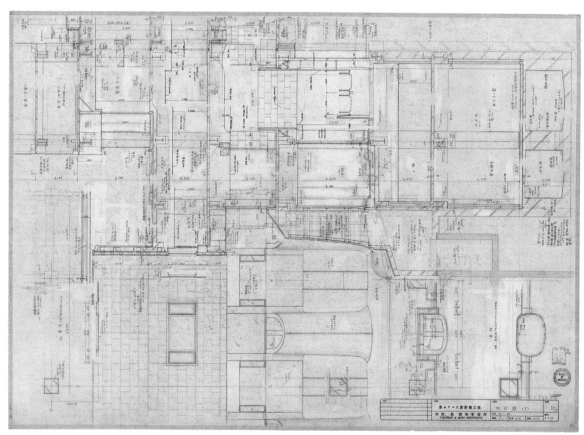

上部構造を支えているかのような膨らみある「列柱」が、地階からの排気筒であることがよくわかる。
ロビーの吹き抜け部分の天井は「FRP写真貼」。

低層部矩計図　V-17-C-35

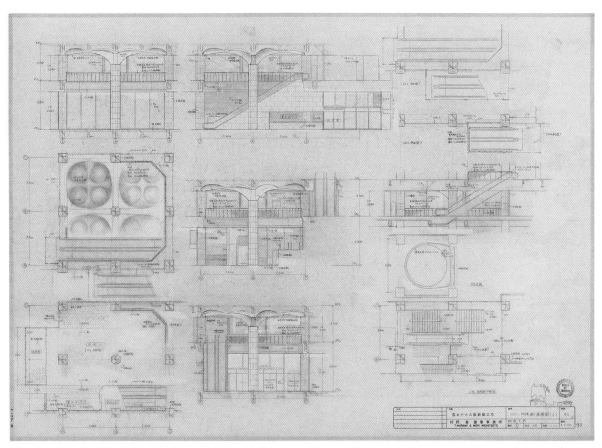

実現したものは天井板の形状こそ異なるが、中央の柱を中心に3次元曲面が広がる構成はそのまま実現し、表面には山沢栄子の抽象写真作品が貼られた。

ロビー吹き抜け周り展開図（計画案）
V-17-C-47

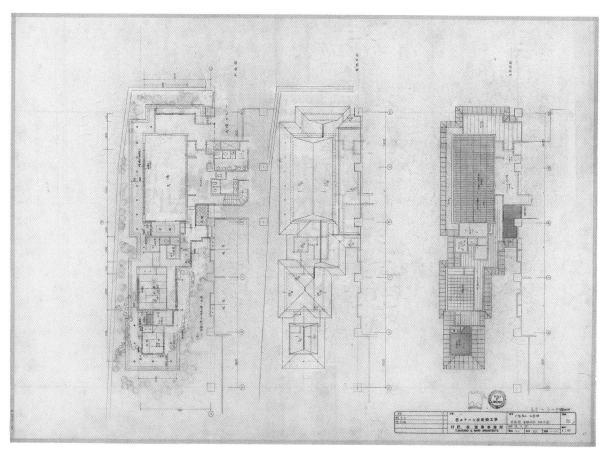

千日前通側の低層部屋上（4階）には和室棟が造られ、南側には庭園が築かれた。耐火構造とするため耐火被覆した鉄骨構造を木材で化粧している。

和室棟平面図・屋根伏図・天井伏図
V-17-C-58

161

[インタビュー]
中山勉氏に聞く
近鉄と村野藤吾
聞き手：石田潤一郎・松隈洋・福原和則・笠原一人

●村野藤吾との仕事

石田 今日は近鉄の社員として村野藤吾と数々の仕事をご一緒された中山勉さんにお話をお伺いします。まずは中山さんが近鉄に入社された経緯を教えていただけますか？

中山 私は1952年生まれで、大学を1975年に大学を卒業しました。大学では構造研究室に所属していましたが、卒業後は構造の道には進みませんでした。当時、阪急や阪神、近鉄などの電鉄会社が駅前周辺の開発を進めていたのですが、そうした事業に関心があったのです。ただ、オイルショック直後で設計事務所への就職は厳しくて。商社に内定をいただいたのですが、設計の道に諦めがつかず結局見送って、翌1976年に近鉄に入社しました。

松隈 最初の配属先はどの部署だったのですか？

中山 建築部です。近鉄には技術室というのがあって、技術室に置かれた建築部と企画部が様々な開発事業を進めていました。

松隈 村野さんの仕事に関わるようになるのはいつ頃ですか？

中山 入社して1年ほど経った頃だと思います。都ホテル東京（現・シェラトン都ホテル東京／村野はインテリアのみ設計／1979年／図2）の現場が最初でした。

松隈 村野さんとの仕事の打ち合わせには、阿倍野の村野事務所を訪ねたりもされたのでしょうか？

中山 はい。ただ、事務所に頻繁に通ったのは次に担当した都ホテル大阪（現・シェラトン都ホテル大阪／1985年／図3）の時です。東京の時は村野先生が現場事務所にいらっしゃって、そこで打ち合わせすることが多かったです。

松隈 日本興業銀行が1974年に完成するのですが、その時も村野さんは現場にずっと通っておられたと聞きました。都ホテル東京の頃というと、80歳代半ばの村野とご一緒されていた、ということになりますね。

中山 そうです。ですので、私が知っている村野藤吾は、歳を重ねられた柔和というか穏やかな顔です。若い頃のあの厳しい顔の村野藤吾を私は知らないのです。だけど村野先生はゴルフをなさっていたので、現場でもとてもお元気でした。都ホテル東京の現場でも、躯体が組みあがったら、エレベーターもないのに歩いて上がって行かれた。先生が速くて追いつけず、みんなヒーヒー言っていました。村野先生は本当にお元気で、現場でもご自身で色々とやられました。椅子の張地なんかも、もうちょっとウレタンを入れて、と言いながら自分で張るのです。お歳を召されているのに夜遅くまで。それについていくのが大変でした。

笠原 中山さんは施工図なども描いておられたのですか？

中山 私たちは施工図面を描きません。現場で作成される施工図をチェックし、現場がこの設計ではできないからこうしたいと言っている、ということを先生にお伝えする、現場と先生との橋渡しのような役割です。

石田 現場でも先頭に立って動くという部分がありながらも、一方では権威であるので、気を遣う部分もありそうですね。施主である近鉄と設計者である村野さんの間での合意形成はどのようになされていたのでしょうか？

中山 基本的にはプランニングは私たちが主導し、村野事務所には主に外観とインテリアをお願いしていました。動線や機能のことがありますから、だいたいプランニングは近鉄がやり、ほぼその通りになっています。もちろん、村野先生からこういう空間を作りたいからこうしたいという要望も当然ありました。

松隈 村野さんにゼロから作ってもらうわけではないのですね。

中山 はい、近鉄の場合はそうでしたね。

石田 これは村野さんに頼みたい、こちらは施工会社に頼みたい、というように、社内で仕事を分けられるのでしょうか？

中山 百貨店やホテルなど大規模なもの、デザイン性が要求される施設は村野先生にお願いしていました。駅舎は小規模ですから橿原神宮前駅（1923年）や賢島駅（1970年）などに限られます。

福原 近鉄は村野さんにデザイナーとしての役割を期待して依頼していた、という印象を受けました。「建築家」とか「設計士」という以上に、「デザイナー」として特別な付加価値を創出することが村野に期待されていたんですね。

石田 村野さんは住宅の設計の進め方として、住みたい人に絵を書いてもらい、それを要望として承ったうえで専門家としてアドバイスをする、ということを語っています。近鉄の設計においても通じる部分がありますね。機能の配置とか動線とかそういうところは設計条件として受け止めて、あとはどのように空間として魅力的にしていくかが肝となる。

中山 そうですね。村野事務所はそういう作り方だと思います。でも、おそらく施主によって作り方は違うのでしょうね。技術部隊があって開発の絵が描けている、受動者側の要望をきちんと図面で出せるところは、近鉄のようなやり方だと思います。技術者や建築家がいない会社は、ゼロから村野事務所で描くというやり方をしていたのではないでしょうか。

●近鉄にとっての村野藤吾

石田 中山さんが近鉄におられた頃、社内全体あるいは建築部に

図1 中山勉氏*

図2 都ホテル東京(現・シェラトン都ホテル東京／1979年)*

図3 都ホテル大阪(現・シェラトン都ホテル大阪／1985年)*

おいて村野さんはどのような存在だったのでしょうか。
中山　村野先生は大先生ですよ。村野先生と言えば佐伯勇社長(当時)ですから。佐伯さんは昭和20年代から村野先生とお付き合いされていましたから、絶大な信頼をおいておられた。会社トップが信頼を置く建築家ということで、社内では絶対的な位置づけです。都ホテル大阪を造る時も、交差点から離れたこの敷地はホテルには頼りないのではと気にする役員会に対して、村野先生は「天下の近鉄がたかだか70mで何を言っているんだ」と、檄を飛ばしていました。村野先生は絶大ですよ。あの頃はもう腰も曲がって白髪で小さくなっておられましたが、村野先生が入ってくると全員総立ちです。村野漾さんと入ってきて。それだけオーラがすごかったんです。空気がピリッとしました。
石田　村野さんは70m離れていても大丈夫と言ったわけですね。
中山　これについては、村野先生は佐伯さんに何度も手紙を書いて直接訴えておられた。村野先生の字を一字一句解読するのが大変でした。この字は何だろうって解読した記憶がありますよ。その手紙が今どこ行ったか分からないのだけど。
松隈　役員会の空気を変えるほどの村野さんは、現場においてはどのような印象でしたでしょうか?
中山　村野先生ご自身は、これはこうでなければダメだということは言っておられなかったと思います。例えば都ホテル大阪の排気塔。最初の案は筒状のものが一体に繋がっていて、作るのも大変でコストもかかり過ぎるものだった。そこで村野事務所に相談したのですが、「先生はこうなんだ」と言って意志は曲げなかった。それでも現場としては困難なので先生に直談判に行ったのです。すると先生は「それじゃあ分割したらいいんじゃない」と、それだけで終わった。
松隈　周りが気を遣い過ぎてしまっていたのですね。
笠原　村野さんに建築を設計してもらうのは、近鉄にとっては他の建築家に設計してもらうのとは違うものなのでしょうか?
中山　どうかな。大和文華館の吉田五十八、奈良や名古屋の駅ビルの坂倉準三など他の建築家が設計したものもありますが。
笠原　彼らに比べて村野さんが重用されたのはなぜですか?
中山　晩年は佐伯さんの存在が大きいですが、そもそも近鉄と村野藤吾とは長い付き合いです。最初は日本生命絡みの関係で、戦前に遡りますから。
福原　日本生命というと、当時関西で建築界と財界の両方で大きな影響力を持っていた片岡安との繋がりでしょうか?
中山　そうです。片岡さんは蹴上の都ホテルを設計していた頃、関西建築協会の理事長をやっていて、日生の社長でホテルの取締役会長だった片岡直温の婿養子となるんですね。そこに村野藤吾が繋がっていく。
石田　都ホテルの最初の建物は片岡事務所でやっていますが、増築しようかという頃には片岡さんは引退しかけていた。そこで後を託されたのが村野だった。
中山　村野先生は大阪の政財界といろいろな繋がりを作っておられましたが、片岡さんとも関係性を強めたことで都ホテルをやることになったのではないでしょうか。近鉄は1951年に都ホテルへ資本参加することになります。
笠原　戦前から戦後まで一貫して同じ建築家を使い続けた鉄道会社は、近鉄ぐらいではないでしょうか。阪急にとっての同じような存在は竹中工務店ですが、アトリエ事務所ではないです。西武は晩年にホテルの設計を村野に依頼していますが、それは西武にとっては一部の仕事ですね。近鉄は特別であるように思います。
中山　村野先生に対する佐伯さんの信頼が厚かったからだと思います。しかも佐伯さんは40数年間、重役でしたから。

● 天王寺・阿倍野における村野晩年の仕事
松隈　中山さんが村野さんとご一緒された都ホテル大阪は1985年竣工ですが、これは村野最晩年の作品になりますね。
中山　ええ。この建物の設計中に先生は亡くなりました。亡くなられた時には低層部は出来上がっていました。竣工したものは客室部分の下層部と上層部でスカイラインのデザインも違うのですが、これは村野先生が亡くなられてから変更されたものです。デザインが当初のパースから少し変わっています。上層部はガラスの割り方が少し縦長になりました。村野先生だったらこうはしなかったんじゃないかな。カーテンウォールにしたって、予算が足らなくなったために上層部と下層部とで素材が違います。アルミ鋳物のパネルから、スチールに変わりました。南面と北面とで替えている部分もあります。現在、よく見ると経年変化で色味が変わり、素材の違いがわかると思います。
笠原　インテリアはどうでしょうか?
中山　下層部は全てのインテリアをやっています。エントランスからエスカレーターで上がっていくところに独立柱があって、天井が梁型で4分割されています(図4)。もう残ってはいませんが、その天井に日本の女流写真家の草分け的存在である山沢栄子さんという有名な写真家の抽象的な作品が貼り込まれていました。
笠原　村野さんが写真を天井に入れたいと言われたのですか?

図4 都ホテル大阪(現・シェラトン都ホテル大阪／1985年)エントランスホール*

図5 近鉄百貨店阿倍野店改修(1988年)*

図6 天王寺都ホテル(1992年)*

中山　はい。先生は新しいことを結構やられるんです。建築材料として写真を貼るということがどうなのかということをコダック社といろいろ検討しました。しかも三次曲面でしたからね。三次曲面にどうやって貼るんだ、と大変でしたよ。コダック社が技術的に知恵を出してくれて、なんとか3、40年程度はもつだろうという保証をとって実施に移しました。

石田　その辺のアイディアは、ある程度の形が出来上がった段階でおっしゃるのですか?

中山　そうです。そんなの図面には何も描かれていません。コダック社のこんな写真を貼りたいだなんて何も書いてない。普通の天井だったのが、施工の段階でだんだん曲線が出てきてね(笑)。

松隈　コストコントロールがすごく大変な仕事ですね。

中山　そうですね。なので大林組には村野先生の仕事をやるための積算部隊が特別にいました。図面が難しすぎましたから。あちこちに描いてあるので、縦に読んだり横に読んだり。図面には単純にこう書いてあるけれども、「村野事務所ならおそらくこう収めてくるだろう」とか考えます。

松隈　まさに「読み解く」ということですね。

中山　そう。変化を予測して積算を入れていかないといけないんです。そこが大変。図面があってスッとは建たないから。

石田　仕事を通じて村野さんの作風に現場の方々が詳しくなっていかれるんですね。

中山　図面の読み方がわかってくる。

石田　村野さんなしで設計ができるまでになりますか?

中山　そこまでは行きません。でも、村野調というか村野っぽいデザインをやるようになりますよね。自分たちで設計していても。村野建築の雰囲気が好きだからそうなっちゃう。こういう風に収めたい、こういう風に収めるべきだ、村野先生だったらこう収めるはずだ、と考えるよういなってきます。手摺なんかは特に村野先生調になってきますよね。

石田　都ホテル大阪が村野との最後の仕事だったのですか?

中山　近鉄百貨店阿倍野店改修(1988年／図5)と天王寺都ホテル(1992年／図6)をやりました。後者については、外観は村野先生の意見が入っていますが、中身は村野事務所の近藤さんだと思います。村野先生ならこうしないだろうなというところがあります。

笠原　外観を設計している最中に亡くなられたのですか?

中山　そうですね。ちょうど都ホテル大阪の設計を進めている時に、天王寺都ホテルの外観を議論していて、事務所の方が持参された村野先生の油粘土模型を基に方向性を決めました。

笠原　もう一方の近鉄百貨店阿倍野本店改修は、葡萄の外装パネルが特徴的ですね。あのアイディアも村野さんの発案ですか?

中山　そうです。当時はなら・シルクロード博(1988年)の開催が決まった頃で、村野先生がシルクロードを意識してデザインされました。シルクロードを通じて伝来した葡萄唐草に平和の象徴である鳩が配置された2枚組の図柄で、ここに平和と人が集うというものです。

笠原　図柄まで村野さんがデザインしているのですね。

中山　あのパネルは見た目よりかなり大きいです。建て替え後のあべのハルカスに入っている大阪マリオット都ホテルのクラブラウンジ庭園に30枚ほど残しています。

笠原　1950年代に竣工した近鉄百貨店阿倍野店も既存建築の躯体を残して建て替えたようですね。

中山　改修前の建物は戦災で焼けた建物でしたが、躯体を残してというか外壁を変えたのです。百貨店は商品の日焼けを避けるために概して外周が全て壁です。それだと倉庫になってしまうのでキャンチレバーで持ち出した壁面に乳白色のガラスブロックを入れて光が間接的に入るようにしています。

福原　志摩観光ホテルの新館(1969年)にもキャンチレバーで持ち出した同じ断面形状がありますね。神戸新聞会館(1956年)にも見られます。

● 現在の近鉄と村野建築

福原　村野藤吾に対する近鉄グループの信頼は、晩年まで揺るがなかったのでしょうか?

中山　はい、揺るがなかったですね。

福原　村野さんの施主となった企業の中には、経営者が変わったことで方向転換して村野色を否定していくようなところも見受けられます。時には研究を目的として取材を申し込んだりしても否定的な回答をいただくこともあるのですが、近鉄は一貫して村野さんを評価し続けているようですね。

中山　うちは村野色を否定するというような感じはないですね。とはいえ時代が経っているので、薄暗いという意見もあって、村野がいいという風潮もあまりなくて。ただ今回の志摩観光ホテルの改修(2016年／図7・8・9)では、現会長が村野の旧館を「これはすばらしい、残してこれを使おう」とおっしゃって、旧館をホテル再生の足がかりとしました。当初のデザインを活かして再生し、「The Club」という名前を付けています。これまでは記念碑

図7 志摩観光ホテル新館と旧館（1951・69年）*

図8 志摩観光ホテル新館改修（2016年） 村野藤吾設計の階段が撤去されて新たにデザインされた天井*

図9 志摩観光ホテル旧館改修（2016年） 堀木エリ子制作の光壁が設置された*

*撮影：笠原一人

的に残してあっただけでほとんど使われていませんでしたが、今後はこれを売りにして積極的に使っていく予定です。

松隈 村野建築が取り壊されたり、耐震改修で姿が変えられたりするのを見聞きすると、志摩観光ホテルのように宝物として使っていく時代なのに、と感じてしまいます。

中山 志摩観光ホテルは、改修の際に木造の専門家に診てもらいましたが、天井をめくってみると結構ひどかったんですよ。梁がぶつりと切れて、別の部材がいろいろと繋いである。こんなのでよく保つという部分は全部やり変えました。

石田 移築だからそういう部分も出てくるのでしょうね。

中山 そう思います。ただ面白い発見もありました。天井に使われた材料にはある噂がありました。材料を綺麗に鉋がけして用意しておいたら、それを見た村野先生が「これはあかん、裏返せ」と言われたために裏返しにして使ったというものです。仕上げていない面を表にして使ったわけですね。改修の際に実際に見てみたら、裏側の方がビシッとした綺麗な面になっていました。

福原 村野さんは商業建築を多く手がけていて、時代の要請に合ったものを作るというスタンスを持たれていました。時代が変わり、ニーズも変わっていくと建築が変わってしかるべきだという考え方だったのだと思います。そういう意味では、実際に村野の建築が時代に合わなくなったという例もあるのでしょうか？

中山 村野先生の建築が古いと感じることはあまりないですね。もちろん、用途やプランニングは時代に合わなくなる部分もありますが、デザインそのものは現在も十分通用すると思います。

福原 デザインは古びていない？

中山 古びてないと思いますね。やはりディテールがすばらしい。細かいところ、人の目の届かないところまできちっとされていますから、やっぱりデザインの厚みがあるんでしょうね。最近のデザインはディテールがぺらぺらで薄っぺらい。でも、村野先生のあのディテールを今作ろうと思ったらお金がかかって作れないだろうと思います。だからそういった意味でも貴重です。

笠原 近鉄という企業にとっては、施設はやはり個性が際立っている方がいいのでしょうか？

中山 もちろん、機能だけでなく、そこにデザイン性が必要だと思います。施設に合わせてきちんとデザインを主張することが必要です。その建築自身の意味や考え方、思想がきちんとデザインに出ているものを作るべきだと思います。

笠原 そういう意味では村野さんの建築がぴったりなんですね。

中山 そうですね。村野先生はそれぞれの建築をきちんと作っていますから。私が今取り組んでいる建築でも、他社とは違う考え方のデザインで個性を出すべきだと考えてやっています。

松隈 村野藤吾の遺伝子が入っているんですね。今日お話伺って感じたのは、近鉄が村野と関係を維持してきたのは、佐伯さんの存在だけではなく、近鉄の皆さんが村野さんの建築そのものが持っている魅力を理解されていたからなのだということです。

中山 当然そういう面もありますが、長い時間をかけて村野先生を重用するシステムが出来上がっていたことが大きいと思います。だから佐伯さんがいなくなっても意識は残ったのです。

●学生が村野から学んでほしいこと

松隈 村野さんを知らない世代に村野建築を伝えることが私たちの役割のひとつですが、中山さんにとって村野建築のここを学生たちに見て欲しいという部分はどこでしょうか？

中山 隅々まで目が行き届いているところでしょうか。建築のディテールもそうですが、表面のデザイン、例えばクロスにしてもひとつひとつが作り込まれていて手抜きがない。工業的なものをべたっと貼っておけばいいという感覚ではないですよね。

松隈 最近は、原寸の感覚や、素材そのものが持っている質感といった部分に神経が届かなくなっている気がしています。

中山 CADが登場したことで設計事務所の特色が出なくなりました。どこの事務所がやらせてもほとんど違いはない。事務所の色はディテールにも出るものですが、それもなくなりました。

福原 CADは単なる表現の手段のはずなのに、作品性にまで影響してしまうところが不思議です。

中山 やはり手で描くと、ここをこう収めてと手で考えますよね。CADで描くと柔らかい線が絶対に出ない。発想の段階で柔らかい線が出せないのがだめなのだと思います。

福原 まさに村野先生がおっしゃっているように聞こえます。

中山 建築の設計っていうのはアートではないけれども、そこにやっぱり感性が入っていないとね。できるだけ原寸で描く。手で大きく実際に図面に描く。それをやってほしいですね。

石田 今日のお話で、村野藤吾と施主・近鉄との知られざる関係を垣間見ることができました。ありがとうございました。

2016年8月27日 シェラトン都ホテル大阪にて収録

文責：三宅拓也

記録：勝 孝／斧原慶子／脇 拓也／Suwannasit Tantap／硯稚芸／松本彩花／古里健悟／浦田友博

［インタビュー］
酒井一光氏に聞く
村野藤吾と近鉄

聞き手：石田潤一郎・笠原一人

●村野藤吾と鉄道会社

石田 今回の展覧会は、村野藤吾とクライアント（施主）の関係に焦点を当てたいと考えて、近鉄を取り上げます。今日は、大阪の近代建築にお詳しい酒井さんに、村野に限らず、関西や大阪の建築家とクライアントとの関係など、広くお話しいただければと思っております。

笠原 村野の建築作品を列記してみますと、近鉄関係の建物が一番多いように思います。つまり村野にとって最大のクライアントが近鉄だったのではないか、というのが今回の展覧会で近鉄を取り上げる最大の理由です。それについてはどう思われますか。

酒井 私が2014年に「村野藤吾──やわらかな建築とインテリア」展（図2）を企画した時にもそう思っていました。最初はそれほど近鉄が多いというイメージはなかったんですが、実際にいろいろ調べてみると、近鉄が作品数も多くて、村野にとってのクライアントとしては大変重要だと思います。路線も、大阪から奈良、京都、名古屋、伊勢志摩まで、エリアが広いですしね。

石田 同じ鉄道会社でも東京の西武鉄道の場合は、村野や丹下健三、黒川紀章といった建築家にホテルなどを設計させて、建築を企業戦略として文化的なイメージで使っているように思います。それに対して、関西の阪急電鉄と竹中工務店や、近鉄と村野の繋がりは、その狙いが分かりにくい。文化的にブランド化していくようなものではなくて、もっと日常的な関係ですね。なぜこの建築家を選んだのか、クライアント側の意図が見えにくいものなのではないかと思うんです。加えて近鉄の場合、企業と村野との関係が強かったというよりは、当時の佐伯勇社長と村野というパーソナルな関係が結構大きかったような気がします。その辺は、阪急と竹中との関係とも少し違うような気がしています。

酒井 ただ、阪急の場合も小林一三が三井にいた時から第14世竹中藤右衛門と関係があって、明治の終わりに阪急が岡町の住宅経営をやった時からずっと一緒に仕事をしていますし、阪急ビルの1期工事が始まった頃には、家族ぐるみの付き合いで、別府で会って一緒に食事をしたり、誕生会に呼ばれたりという関係だったようです。ですので、やはり竹中と小林一三という個人的な関係が重要だったと思います。

笠原 西武と建築家の関係と比較すると、近鉄や阪急と建築家や建設会社との関係は、関西特有のことになるんでしょうか。

酒井 関西特有かどうかは分からないですが、例えば竹中工務店が神戸に進出してきた時と、小林一三が大阪に来た時とは軌を一にしていて、一緒に発展していったと言えるように思います。関

西のゼネコンと私鉄会社の発展・飛躍の時期と建築家の登用の時期が重なっているんですね。近鉄と大林組の関係も比較的早いです。ですので、関西という地域の問題というよりは、企業と建築家の結びつきやすい状況があったということかもしれません。

西武の場合は、土地とかホテル経営だけではなくて、オーナーだった堤義明さんが建築好きだったのではないかと思っています。プリンスホテルなどで、あれだけ著名建築家に設計を依頼したのは、建築に対する趣味があったからでしょう。猪瀬直樹の『ミカドの肖像』では土地の問題が中心ですが、西武が宮家の邸宅を次々と購入したのも、土地だけでなく、どこかで建築への関心が芽生えたのだと思います。堤義明以前の父・康次郎の時代から。

石田 そうですね。鉄道会社と建築家のつながりを思い浮かべると、久野節のように鉄道省にいた建築家や、戦後だったら佐野正一のように国鉄から独立した建築家が経験者として鉄道会社から施設の設計を依頼されるというパターンは、素直に頷けるのです。でも近鉄と村野藤吾の場合はそうじゃない。そこが面白いですね。

酒井 近鉄は、佐伯さんが社長になったのが1951年。生え抜きの、最初から近鉄に勤めて社長になった方です。ちょうどその1951年に、村野が設計した賢島の志摩観光ホテルの第1期（旧館／図3）が完成しています。佐伯さんが社長になる以前から計画はあったけど、ちょうどその頃から近鉄関係の仕事をコンスタントに村野さんが設計しています。その後は上本町の近鉄会館（図4）や、阿倍野のアポロ座の設計を担当しています。

近鉄会館は、最初は美術館的な機能も入れて、総合文化会館みたいにしたかったようです。しかし設備的に文化財を公開する施設にはふさわしくないということで劇場などの文化施設とし、美術館は見送りになり、代わりに後に大和文華館が造られたようです。近鉄会館は、佐伯さんが社長になって数年後のことで、この頃から村野が近鉄関係の仕事をコンスタントに受けていくようになったのではないかと考えています。

近鉄会館は、村野さんに色々案を出してもらって計画したようです。佐伯さんは企業経営者として、チャレンジ精神をもって短期間で色んなことをやるタイプでした。村野さんが短期間でスピーディーに応えてやってくれたことで、近鉄会館を機に信頼関係が築かれていったのではないでしょうか。

志摩観光ホテルについても、非常に厳しい敷地条件のところでホテル建設を始めて、難工事であったことが『建築と社会』の記事の中に出てきます。こうした中で、しかも1951年という戦後

図1 酒井一光氏**

図2 「村野藤吾——やわらかな建築とインテリア」展図録

図3 志摩観光ホテル第1期（旧館／1951年）*

間もない非常に厳しい時代にやり遂げたっていう仲間意識みたいなものも築かれたのではないかと思います。

● 阪急と近鉄

笠原　阪急の小林さんと近鉄の佐伯さんとは、時代が違うのですが、建築への関心が違うような気がします。小林さんは宝塚ホテルや六甲山ホテルを経営してホテル論を論じたり、世界初のターミナル駅と一体化した百貨店を建てたり、現在の逸翁美術館を自宅として建設したり、比較的建築に関心があるように見えます。

酒井　小林さん自身は、どちらかというと建築のプログラム的なものに関心があったのだと思います。宝塚歌劇にしろ何にしろ、沿線開発と一体になった施設の建設を指示するわけで。ですから、建物の細かなデザインは、おそらく小林さんにせよ佐伯さんにせよ、直接の指示はなかったような気がします。

石田　阪急の場合は、電鉄会社としては小規模なので、むしろそこから派生するビジネスでがんばっていて、その中で、宝塚のように建築が大きな役割を果たす場合が出てきます。近鉄は鉄道としてかなり規模が大きいので、少し違うのかもしれません。

酒井　しかし阪急が鉄道として小さく見えるのは今日のイメージであって、戦前に大鉄（大阪鉄道、近鉄の前身の一）が1937年に大鉄百貨店を建てる時には、阪急百貨店は成功した一大百貨店でした。阪急百貨店は、延べ床面積が当時で1万坪を超えていたという大百貨店であって、大鉄百貨店の場合は、最初は4、5,000坪でやり始めて、徐々に増築をして1万坪規模にしたかったようです。阪急は沿線住人の人口や所得が高いので、あれだけのものが作れたという見方もできると思いますが。いずれにしても、近鉄以前の大鉄時代の話ですが、当時としては、阪急というのは大成功を築いた会社として見えていたように思います。

笠原　鉄道の規模で言うとそんなに大きくないからこそ文化的な活動をトータルにデザインしようとした阪急に対して、近鉄は広大なので鉄道に徹して、建物は村野さんに任せたということでしょうか。

酒井　近鉄も、文化に対する想いみたいものははっきりとあったようです。奈良をはじめ近畿一円が沿線ですから、蒐集した古美術品を展示する施設をつくりたいという構想を戦後すぐに持っていました。上本町の近鉄会館も、ただのアミューズメントパークではなく、文化会館的なものにしたいというように、志を感じるところがあります。

石田　野球チームを持つことは広い意味での文化事業的なことになるのかもしれないですね。近鉄、阪急、阪神、南海もそうでした。1950年代から60年代ぐらいまでは、電鉄会社全体がある種の社会的なプレステージが高かったんでしょう。

酒井　鉄道会社は路線を拡大し、あべのハルカスのように、巨大なものをつくろうという志向性があるような気がします。そこに村野が入り込んで行けたのがすごいですね。施主の希望を短期間に実現させるような体制があったからなんでしょう。竹中、大林、今日の日建のような大手の建設会社や設計会社ではなく、村野さんが一建築家として、そうした要求に応えることができたというのはすごいことだと思います。

石田　近鉄は、鉄道駅の相互乗り入れとか建設工事として複雑なことを解決していかないといけなくて、そういう芸術的センス以外の、事業運営能力みたいなものが問われる分野にも村野さんは非常に長けていたのだと思いますね。

酒井　実際やっていることは芸術としての建築に近いところなのかもしれないけど、クライアントと話をするときには、もう一つの顔で対応していたのでしょうね。

石田　志摩観光ホテルの新館の設計では、本館の棟を先に手前に建ててしまったので、新館を奥に作らないといけなくなった。そのために、新館へのアクセスが非常に複雑になっていて、アプローチの道路がどう本館から分岐していくかを苦労したようで、村野図面をたどると、しつこくその辺の検討案を描いているんですね。しかも、建物の下に通路を通すといったようなかなりトリッキーなことを試みています。そういう要求に柔軟に対応できた建築家だったのでしょう。

酒井　近鉄関係の建物で、村野さんの作品集に「作品」として載っているものは、都ホテル系以外では少ないように思います。ただ、一定の規模の仕事を恒常的に受けてくれるという意味で、経営の立場の人から信頼されていたんでしょうね。佐伯さんは鉄道マンだったので、著書をみると鉄道の話ばかりで、あんまり建築のことは語っていないのではっきりと分かりませんが、1950年代から60年代にかけて、会社の事業がいろいろ困難だった時期に、村野さんが一定の質を維持した作品を生み出していたことで、佐伯さんは村野のことを信頼していたと思います。佐伯さんは村野さんに、自邸の設計まで頼んでいるわけですから。

● 近鉄カラーあるいは近鉄のまちなみ

酒井　それにしても、近鉄の村野の作品を見ていると、全体を捉えにくいですね。

図4　近鉄会館(1954年)＊

図5　近鉄百貨店上本町店(1969・73年)＊＊

図6　近鉄本社ビル(1969年)＊＊

石田　そうですね。近鉄側にしても、実にいろんなタイプの建築物の設計を村野に依頼しています。雑誌に発表されたものだけでも駅、百貨店、ホテル、劇場、住宅と広がっていますが、上本町にあった労働組合の建物とか、他にも世に出ていないものをいろいろやっていたようです。

酒井　私は「阪急カラー」はすごくわかりやすい気がするのですが、「近鉄カラー」は最初全然分かりませんでした。だけど、よく見ると、村野さんの建物は今の近鉄のイメージの中に割とすんなり溶け込んでいる気がしています。阪急とはまた違った品のあるイメージは、村野さんの建築に近いように思います。阪急は、都会的で上品な高級感はあるけど、モノとしての深さは、村野さんほどではない。阪急の建築は、良くも悪くも情報的でメディア的な感じがしています。近鉄の建築の方が、おとなしいけれど土地に根ざした感じがします。

笠原　それは竹中工務店と村野さんとの違いかもしれませんね。阪急はずっと竹中がやっていたわけですが、竹中は1960年代に、岩本博行さんが設計課長を務めていた頃に、村野の影響が強くなりますよね。けど、村野さんのように大衆にアピールするような繊細で装飾もあるようなものではなくて、シャープでモダンデザインの範疇に留まっています。その辺の違いが、「阪急カラー」と「近鉄カラー」の違いに表れているような気がします。

酒井　小林一三は、建築のプログラムとかメディアとか広告的なイメージを明確に持っていて、竹中はそれによく応えながら、モダニズムのデザインで、短期間で実現できる会社だし、優秀なデザイナーもたくさん抱えていて、いいものを生み出しています。竹中の阪急関係の作品は、全般にメディア的な建築という感じがします。村野さんの建築も、クライアントに短期間で応えていいものを提案するという意味では同じなのですが、他の要素が多く滲み出ているように思います。竹中の建築は、かなり村野さんの影響を受けているはずだけど、何かが決定的に違う。

笠原　村野さんの方が、手作り感がありますね。

酒井　近鉄の村野さんの建物って、一見すると強烈な個性は感じにくいですよね。上本町にしろ、阿倍野にしろ。まちなみとしてまとまっているのは上本町と阿倍野で、上本町の方がまとまっていますね。近鉄百貨店上本町店(図5)、都ホテル大阪(現・シェラトン都ホテル大阪／1985年)、近鉄本社ビル(図6)、近鉄会館。この4つは比較的統一感はなくはない。

笠原　形はバラバラだけど、白っぽい建物で統一されていますね。

酒井　一つの街区的なイメージがあるような気がします。ただ、上本町と阿倍野はまとまり方が少し違う。

笠原　上本町が駅周辺の街区にまとまっているのに対して、阿倍野は横並びで道路沿いのまちなみを造っていますね。

酒井　けど統一感がない(笑)。近鉄百貨店阿倍野店(図7)があって、近鉄関係の建物ではないみたいですが阿倍野センタービルがあって、きんえいアポロビル(図8)があって。まちなみ感もいまひとつ統一されていない。上本町ほどかたまってないんですね。でも、連続立面図を描いていったら、なるほど「村野のまちなみ」と分かりますよね。ぱっとみて、まちなみだと認識しにくいのが村野さんの特徴。上本町は、統一感があると思いますけど。キャンパスでも同時期にやった甲南女子大学は何かまとまったイメージがあるけど、関西大学のキャンパスになるとずいぶん違います。

笠原　私は、関西大学のキャンパス(図9)には、村野さんの都市観がよく出ていると思っています。村野さんは、都市というものは都市計画のように上から規制をかけるのではなくて、バラバラでもそれぞれの建物の質がよければその集合としての都市は自ずといいものになるはずだ、と言っています。性善説的な発想です。近代的な発想であれば、放って置くと建物は全部違う設計者が設計するので、それぞれの建物の質は全体としてはよくなるわけではない。だから都市計画としてルールを作って規制して、いわば底上げするわけですが、村野はそうではない。その村野特有の都市観が関西大学のキャンパスにはよく表れていると思っています。甲南女子大の建物だって、ある程度統一されていますが、よく見ると、どの建物もすべてデザインが違います。阿倍野はもちろんですが、上本町だって白で統一されているから統一感があるように見えますが、建物のデザインは全部異なっていますよね。

酒井　確かに、日本の都市は性善説で個々の建物が建っていくのが典型的ですね。村野はそれをよしとしているわけですね。けど、実際には村野さんのように理想的な人ばかりじゃない。

笠原　村野だって、大学のキャンパスぐらいでしか、村野が理想とする自由でバラバラで質の高い作品は造れなかったと思うんです。結局は、一人でやっているから実現している。しかしその発想は、近代的な発想に反するもので、面白いと思います。

● **建築家と企業の関係**

笠原　大阪での建築家と企業との関係について、特徴的なものは他にありますか。

酒井　近鉄のように一人の建築家に頼み続ける会社と、いろんな

図7　近鉄百貨店阿倍野店（1957・58年）*

図8　近映レジャービル・アポロ（現・きんえいアポロビル／1972年）**

図9　関西大学キャンパス模型**
制作：京都工芸繊維大学学生（2016年）

*撮影：多比良敏雄
**撮影：笠原一人

建築家に頼みたいオーナーや会社と、両方あると思います。一途なタイプは、例えばダイビルと村野との関係でしょうか。ダイビルは渡辺節以来の関係ですが、大きな企業から信頼される建築家というのが、村野さんの代まではあった。社長や会社の幹部クラスの方から信頼を得るような人柄だったんでしょうね。

いろんな建築家に依頼する会社で思いつくのは、千島土地ですね。最初、武田五一の芝川邸に始まって、渋谷五郎と本間乙彦に自宅兼事務所ビルを建てさせた芝川ビルとか。近年だったら圓堂政嘉や安藤忠雄さんといった有名な建築家を使って、関係の建物を設計してもらっています。それは西武鉄道みたいに、いろんな建築家で試しているようなタイプですね。

石田　近鉄でも村野さん以外の建築家にも頼んでいますね。

酒井　大和文華館は吉田五十八だし、近鉄奈良駅も坂倉事務所ですしね。

笠原　関西発祥の髙島屋は、戦前から戦後まで一貫して、村野さんを登用していますが、難波の髙島屋の増築は坂倉事務所ですね。

酒井　百貨店だったら、戦前になりますがヴォーリズと大丸、鈴木禎二と松坂屋、という感じで密着型です。

石田　戦前はそういう密接な関係が多く見受けられますが、戦後は社長のプライベートとパブリックが一体化してしまうようなことはなかなか許されなくなってくるんでしょう。

酒井　戦後でも、サントリーと安井事務所みたいな強い関係はありますね。

石田　そうですね。あれはサントリーの佐治敬三さんと安井事務所の佐野正一さんの関係ですね。大山崎の工場から始まってサントリーの自社ビルとか、東京のサントリーホールまで。

安井事務所で言えば、むしろ野村証券の方が数としては多いですね。日本中の野村証券の支店をやっていましたし。

酒井　関西の企業が明治の終わりから大正初期にかけて、全国的に飛躍する時期に、大阪に拠点を置いた設計事務所や建設会社が一緒になって大きくなったんだと思います。成長が重なった時に、建築家と企業との関係が深くなりやすい気がしています。

関西であれば、阪急と竹中というのがその一例です。確か小林一三と竹中藤右衛門は4歳違いくらいで同世代です。近鉄と大林組も成長の時期としては重なります。十合呉服店も近代的な百貨店として成長する時期が、建築家としての成長の時期ですし。村野さんが変わっているのは、村野さんの飛躍の時期なのかもしれないですが、60代くらいから仕事が増えていく。

石田　村野さんは伸び盛りが円熟した頃という、不思議な人なのですよね。佐野正一さんが安井事務所を引き継いだ時点では98パーセント野村証券の仕事だったそうです。それほど一つの企業と建築家の関係が深かった。しかし一社だけに特化して、もし野村証券の仕事がなくなってしまうと、設計の仕事そのものがなくなってしまうわけですから、「これは危ない」ということで、サントリーや神戸銀行などに展開していったと聞いています。

酒井　戦後であれば例えば菊竹清訓が、京都信用金庫の支店シリーズ、西武だと堤清二さんのSEIYUや西武百貨店の仕事をやっていますが、建築家と地域の結びつきは、東京だと一体感が薄れるように思います。しかし大阪の場合、企業と建築家が成長していく時の一体感の共有が可能なんだと思います。

それでも今だったら、建築家の登用について、おそらく株主の目が厳しいでしょうから、特定の建築家を使い続けるのは無理でしょうね。

笠原　今ではやっぱり難しいんですかね。

酒井　中小企業だったらできるのかもしれませんね。大手でも株式上場していない会社とか。

笠原　確かに、丹下健三だと、国や自治体の仕事が多いんだけど、民間のものでも何度も連続して設計しているものは西武のプリンスホテルなどを除いてあまりないですね。それは東京という土地柄のせいもあるのかもしれないけど、現代になればなるほど、企業とずっと一緒にやっていくのが難しくなっているような気がします。村野と同じく大阪を拠点にした安藤忠雄も同じで、幅広くやっているけど、一企業でほとんど連続していないですね。せいぜい2、3件です。

酒井　近年建築家と施主との関係で気になっているのは、星のや旅館でして。東孝光さんの娘さんの東利恵さんが星野リゾートの建物の設計をしています。ワンマンが効くようなところでは、まだ個人の優れた建築家を登用し続ける企業はあると思います。

それでも大阪は、東京というまとまりでは感じにくい地縁というものが、比較的よく残っています。小さな都市ほど地縁が残っていますけど、大阪というまとまりは、まだ地縁が感じられる日本最大規模の共同体なんじゃないでしょうか。

笠原　今日は興味深いお話をありがとうございました。

2016年9月19日　大阪歴史博物館にて収録
文責：笠原一人
記録：櫻本康乃／橋本卓磨／筒井航／
小野木敦紀／藤田拓／鈴木悠介／松岡瑛美

本図録掲載図面資料リスト

以下のリストの図面資料のうち特記なきものは、京都工芸繊維大学美術工芸資料館の所蔵です。title は本図録に掲載されている図面の名称とは異なるものがあります。
本リストの title は京都工芸繊維大学美術工芸資料館に登録されている図面の正式名称です。

建物名	資料番号	詳細番号	資料名	図面番号	スケール	サイン	date.	材質	寸法(縦×横)
あやめ池温泉場 (1929年)	AN.5075-1	II-20-A-1	あやめ池温泉余興場 平面	1	1/100	T.MURANO、M.YAMAS	1931.09.08	PC/CR、EN	690×540
	AN.5075-2	II-20-A-2	あやめ池温泉余興場 立面及び断面	2	1/100	T.MURANO、M.YAMAS	1931.09.08	PC/EN	756×542
	AN.5075-3	II-20-A-3	S.T.[2階観客席 平面図]	-	1/100	-	s.a.	PC/CR、EN	378×544
	AN.5075-4	II-20-A-4	S.T.[3階観覧室・休憩室 平面図]	-	1/100	-	s.a.	PC/CR、EN	377×544
	AN.5075-6	II-20-A-5	S.T.[断面図]	-	1/100	-	s.a.	PC/CR、EN	379×546
	AN.5075-7	II-20-A-7	S.T.[立面図]	-	1/100	-	s.a.	PC/CR、EN	377×541
	AN.5075-10	II-20-B-3	あやめ池温泉場 配置図	-	1/300	-	s.a.	BP	530×780
	AN.5075-12	II-20-B-5	あやめ池温泉場 一階平面図	3	1/100	-	s.a.	BP/CR、EN(R)	545×752
	AN.5075-13	II-20-B-6	あやめ池温泉場 二階平面図	4	1/100	-	s.a.	BP/CR	545×752
	AN.5075-15	II-20-B-8	あやめ池温泉場 立面及び断面図	9	1/100	-	s.a.	BP/CR、EN(R)	537×735
	AN.5075-29	II-20-B-22	あやめ池温泉場 玄関廻り詳細	23	1/50	-	s.a.	BP/CR	536×787
	AN.5075-31	II-20-B-24	あやめ池温泉場 食堂詳細,一部断面,其他	25	1/100,1/20	-	s.a.	BP/CR、CCR(R)、EN(R)	537×734
都ホテル (1936-88年)	-	V-1-A-10	都ホテルプール新設工事 南西立面図(B)	S.N.8B/9 S.N.6			1963.3.19	PC/CR	418×580
	-	V-1-D-7	5階平面図	SN:7	1/400	-	1956.11.08	PC/CR	381×542
	-	V-1-D-14	5階平面図	SN:4	1/400	-	1957.07.15	PC/CR	419×570
	-	V-2-A-5	都ホテル増改築設計図北側立面図	-	1/200	-	1959.12.8	PC/CR	545×837
	-	V-2-B-3	増築設計図南北断面図	-	1/200	-	1957.7.16	PC/CR	387×746
	-	V-2-B-4	増築設計図北及西立面図	-	1/200	-	1957.8.1	PC/CR	397×563
	-	V-2-B-10	増築工事設計図和室廻り詳細図	S.N.詳2	1/50	-	1958.5.24	PC/CR	563×803
	-	V-2-B-21	都ホテル駐車場計画	-	1/600	-	s.a.	PC/CR	417×567
	-	V-2-C-28	増改築工事設計図 玄関 ロビー A階段廻り詳細図	-	1/50	-	1959.8.15	PC/CR	597×840
	-	V-2-C-32	増改築設計図、西側矩計図	-	1/50	-	1959.8.21	PC/CR	423×580
	-	V-3-A-37	花1棟への渡り廊下 モト天井照明廻り	-	1/1	-	s.a.	PJ/CR	555×795
	-	V-3-A-61	和風館ロビー天井	-	1/1	-	s.a.	PJ/CR	555×800
	-	V-3-D-1	立面図(1)	(Dr.A.N.) (S.N.63)	1/200	-	1967.3.20	PC/CR	422×904
	-	V-5-A-5	都ホテル77号館新築工事設計図 立面図(1)	15	1/200	大村	1967.3.20	PC/CR	420×676
	-	V-5-A-11	都ホテル増改築設計図 本館旧館大食堂断面図	16	1/200	-	5.15	PC/CR	575×920
	-	V-5-A-14	都ホテル増改築設計図 中庭側立面図	20	1/200	-	1959.12.8	PC/CR	550×834
	-	V-5-B-10	円型カクテルロンジ立面図	39	1/50	K.N	-	PC/CR	532×790
	-	V-5-B-20	客室バルコン廻り詳細	51	1/20	-	-	PC/CR	555×801
	-	V-5-C-26	都ホテル 塔屋東西断面図 東立面図	28	1/50	-	s.a.	PC/CR	548×795
橿原神宮駅 (1939年)	-	XII-2-24-2	S.T.[外観スケッチ]	-	-	-	-	PJ/CR	350×395
	-	XII-2-24-3	S.T.[外観透視図]	-	-	-	-	PJ/CR	552×456
	-	XII-2-24-4	S.T.[立面図、外観スケッチ、断面スケッチ、内観スケッチ]	-	-	-	-	PJ/CR	550×932
	大林組所蔵		橿原神宮前新駅立面図	参	1/200	部長:今林	昭和14年1月26日	Phc	(281×404)
アポロ座 (1950年)	-	VI-77-2	敷地実測図	-	1/200	-	s.a.	PJ/CR	407×475
	-	VI-83-2	1階平面図	1	1/200	T.M.	8.22	PC/CR	385×530
	-	VI-83-14	断面及立面	3	1/200	-	s.a.	PC/CR	400×520
	-	VI-83-20	S.T.[平面 立面 断面 スケッチ]	-	1/200	-	s.a.	PC/CR	405×270
	-	VI-83-27	各面立面図	-	1/200	-	s.a.	PC/CR	395×538
	-	VI-83-31	正面及側面	5	1/100	-	1950	PC/CR	537×780
	-	#221-6	近映興業映画館 立面図	SN.7	1/200	-	1956.08.01	PC/CR	391×554
	-	#221-12	近映興業映画館1階平面図	SN.2	1/200	-	1956.07.20	PC/CR	393×545
志摩観光ホテル (1951・69・83年)	-	I-19-A-39	S.T.[志摩観光ホテル]	-	-	-	s.a.[a.v.1951]	PC/CR	235×489
	AN.5633-5	V-27-C-5	宴会場平面詳細図	27	1/50	K.U/K.U	57.8.23訂正 11.17/12.11	PC/CR	594×841
	AN.5633-9	V-27-C-9	(和室)客室詳細図(2、3、4階)	53	1/50	A.K	68.5.12	PC/CR	593×840
	AN.5633-11	V-27-C-11	S.T.[ペントハウス立面図]	-	1/50	-	s.a	PJ/CR	552×794
	AN.5633-12	V-27-C-12	S.T.[2F新館和室詳細]	-	1/50	-	s.a	PJ/CR	552×794
	-	V-37-B-1-7	増改築工事 地1階 1階平面図	1	1/200	-	69.7	PC/CR	400×550
	-	V-37-B-1-9	増改築工事 断面図・立面図	3	1/200	-	69.7	PC/CR	398×550
	-	V-37-B-1-18	家具 客室(洋室)中央卓子 客室(和室)中央卓子	-	1/10	-	1969.6	PC/CR	281×395
	-	V-37-B-1-34	家具 1階食堂 衝立	-	1/10	-	1969.6 (6/24訂正)	PC/CR	281×395
	-	V-38-A-1-44	志摩観光ホテル[東面・北面]立面図	-	1/600	-	23.DEC.1967	PC/CR	422×605
	-	V-38-A-1-54	志摩観光ホテル新館設計図1階平面図	3	1/200	-	23.DEC.1967	PC/CR	618×843
	-	V-38-A-1-75	2階平面図	6	1/100	M.H 欄外にTM	-	PC/CR	596×841
	-	V-38-A-1-80	D階段詳細図	-欄外に「No.10」	1/20	M.H	68.10.24	PJ/CR	554×795
	-	V-37-B-2-27	志摩観光ホテル新宴会場建設工事 A階段詳細図	26	1/50	k.n	57.8.23	PC/CR	595×840
	志摩観光ホテル所蔵	6	志摩観光ホテル設計立面図	-	1/100	-	18.8.1950	BP	765×1022
	志摩観光ホテル所蔵	38	志摩観光ホテル1階平面図	-	1/200	-	-	BP	544×792
	志摩観光ホテル所蔵	50	志摩観光ホテル設計図屋階ファンルーム及び貯水槽	-	1/100	-	19.8.1950	BP	356×415
	志摩観光ホテル所蔵	53	志摩観光ホテル大食堂及び地下室厨房廻り詳細参考図	10	1/50	-	3.15	BP	545×794
近鉄会館 (1954年)	-	VII-12-5	2階平面図	4	1/100	-	5/12/1954	PC/CR	550×775
	-	VII-12-12	S.T.[立面スケッチb]	-	1/200	-	s.a	PC/CCR (V) (M) (J) (R)	340×845
	-	VII-12-25	オーディトリウム側スロープ階段廻り詳細図	18	1/50	-	5/28/1954	PC/CR	560×795
	-	#121-2	A階段手摺	-	1/1	-	-	PJ/CR	553×794
	-	#121-15	北立面図	-	1/100	-	54.08.13	PC/CR	505×770
	-	#121-17	矩形図	-	1/50	-	54.08.14	PC/CR	576×840
	-	#121-43	劇場内詳細図(3)	-	1/50	-	-	PC/CR・CCR (R)	560×840
	-	#121-55	縦断面図	-	1/100	-	54.04.13	PC/CR	546×826
近映会館 (1954年)	-	VI-82-3	1階平面図	3	1/100	-	34.12.17	Dpc/CR	553×791
	-	VI-82-4	2階平面図	4	1/100	-	34.12.17	Dpc/CR	539×775
	-	VI-82-9	横断面図	6	1/100	-	34.12.17	Dpc/CR	554×797
	-	VI-82-12	立面図	9	1/100	-	34.12.17	Dpc/CR	554×790
近鉄百貨店阿倍野店 (1957・58・64年)	-	VII-32-5	近鉄百貨店阿倍野店増築工事設計図 中2階・2階平面図	-	1/300	-	昭和38年4月1日	PC/CR	420×605
	-	#92-5	S.T.[配置図]	-	1/300	-	REV(38.1.10)	BP	422×817
	-	#168-4	地階食堂平面及展開図	-	1/50	-	1958.3.14	PC/CR	557×778
	-	#168-7	1階コンコース天井伏図	-	1/50	-	s.a.	PC/CR	557×801
	-	#168-22	S.T.[立面図]	-	1/200	-	s.a.	PC/CR	564×705
	-	#168-36	1階、中2階、近階 C階段廻り詳細図	-	1/50	-	s.a.	PC/CR	574×843
	-	#168-51	塔2階グリル	-	1/1	-	1957.1.11	PJ/CR	557×800
	-	#168-55	地下鉄 階段 手スリ 詳細図	-	1/1, 1/20	-	1957.10.25	PJ/CR	557×798
	-	#168-60	改装部分 詳細図	SN19	1/50	-	1956.5.10	PC/CR	550×783
	-	#168-61	矩計詳細図	-	1/50, 1/20	-	s.a.	PC/CR	552×800
	-	#168-84	S.T.[手スリスケッチ]	-	-	-	s.a.	PJ/CR	400×550
	-	#168-85	エスカレーター廻り 階段	-	1/20	-	1956.8.5	PJ/CR	550×800
	-	#169-9	塔(釜?)廻り詳細	SN23	1/50	-	-	PC/CR	547×774
	-	#169-11	S.T.[立面図?]	-	1/50	-	-	PC/CR	840×542

建物名	資料番号	詳細番号	資料名	図面番号	スケール	サイン	date.	材質	寸法（縦×横）
名古屋都ホテル (1963年)	-	V-11-B-12	名古屋ホテル新築工事 1階平面図兼配置図	10	1/200	-	6/12/1961	PC/CR	398×545
	-	V-12-A-2	S.T.[窓詳細エスキース]	-	1/1	s.a.		PC/CR	514×476
	-	V-12-C-13	名古屋都ホテル増築工事 立面図(1)	14/19	1/200	Dpc	1/24/1969		434×560
	-	V-13-A-6	名古屋都ホテル増築工事 矩形図	D-1/2	1/50	-	1/26/1969	PC/CR	548×801
	-	V-13-A-9	名古屋都ホテル増築工事 S.T.[断面詳細図]	-	1/1	s.a.		PC/CR	557×795
	-	V-13-B-2	名古屋都ホテル増築工事 S.T.[配置図]	-	1/1500	-		BP	423×598
	-	V-13-B-6	名古屋ホテル新築工事 6、7、8、9F	-	-	-		BP	423×598
	-	V-13-D-16	S.T.[立面図]	-	1/200	s.a.		PC/CR	545×786
	-	V-13-D-17	S.T.[立面図]	-	1/200	s.a.		PC/CR	545×784
	-	V-13-D-18	中央ホテル新築工事 西及南立面図	11、SN24	1/200	-	7/10/1961	PC/CR	545×799
	-	V-13-D-22	中央ホテル新築工事 矩形図	15.SN.D-26	1/50	-	7/10/1961	PC/CR	547×814
	-	V-13-D-28	中央ホテル新築工事 客室詳細図	21.SN.D-32	1/50	-	7/10/1961	PC/CR	554×779
佐伯邸 (1965年)	-	I-19-B-1	S.T.[佐伯邸]	-	-	-	s.a.[a.v.1965]	PJ/CR	270×377
	-	II-13-G-2	佐伯邸 寝室・家具配置変更	-	1/20	-		PC/CR	395×545
	AN.5528-2	MuYo185-Ex-2	立面図1	5	1/100	-	10 MAR '64	BP	420×596
	AN.5528-4	MuYo185-Ex-4	断面図1	7	1/100	-	10 MAR '64	BP	420×596
	AN.5528-7	MuYo185-Ex-7	現況図 1階平面図	改修-3	1/100	-	1992.11.5	BP	420×596
	AN.5528-9	MuYo185-Ex-9	現況図[立面図]	改修-4	1/100	-	1992.11.5	PhC	420×594
上本町ターミナルビル・近鉄百貨店上本町店 (1969・73年)	-	I-19-C-8	S.T.[上本町ターミナルビル・近鉄百貨店上本町店]	-	-	-	s.a.	PJ/CR	431×499
	-	#12-5	12Fレストラン展開図(1)	6	1/50	-	(s) 44.9.12	PJ/CR	551×811
	-	#82-29	立面図	-	1/200	-		CP/CR	550×798
	-	#82-23	西側立面図	-	1/200	-		CP/CR	598×844
	-	#84-1	西側矩計詳細図	D-1	1/50	-	(s) 46.6.12	PC/CR/EN	547×799
	-	#84-40	S.T.[透視図3]	-	1/20	-	s.a.	PJ/CR	398×553
	-	#93-56	東-西断面図	No9	1/300	-	s.a. REV [(s) 46.5.31]	PC/CR	603×847
	-	#97-8	3階平面図 B案	4	1/300	-	(s) 45.11.16 REV (s) 46.2.3	PC/CR	594×845
	-	#159-9	1階平面図	SN.14	1/200	-	2/17/1971	PC/CR	550×800
	-	#159-35	西立面図	SN.30	1/200	-	2/17/1971	PC/CR	549×798
近鉄本社ビル (1969年)	-	#81-46	S.T.[立面スケッチ]	-	1/200	-	s.a.	PJ/CR	401×404
	-	#158-4	玄関廻り詳細図	SND-3	1/50	-	s.a.	PC/CR	424×598
	-	#158-16	低層部矩計詳細図	SND-4	1/50	-	s.a.	PC/CR	424×668
	-	#158-20	北立面図	SN20	1/200	-	1968.11.14	II /CR	407×558
	-	#158-22	東立面図	SN18	1/200	-	1968.11.14	II /CR	407×563
	-	#158-27	7階平面図	SN8	1/200	-	1968.1.16	II	419×564
	-	#158-32	2階平面図	SN3	1/200	-	1968.10.8	II	416×560
	-	#158-33	配置図 1階平面図 中2階平面図	SN2	1/200	-	1968.10.8	II	415×557
賢島駅(1970年)	AN.5259-10	III-3-A-10	近鉄賢島駅設計図 北駅面積算定図 地2階地1階平面図	1	1/200	H.M.、mk	1969.09.01	PC/CR	423×588
	AN.5259-11	III-3-A-11	近鉄賢島駅設計図 北駅1階平面図	2(シマホ-3)	1/200	H.M.、mk	1969.09.01	PC/CR	422×586
	AN.5259-12	III-3-A-12	近鉄賢島駅設計図 北駅(駅本体)2階平面図	3(シマホ-4)	1/200	H.M.、mk	1969.09.01	PC/CR	421×890
	AN.5259-13	III-3-A-13	近鉄賢島駅設計図 北駅立面図その1	4	1/200	mk	1969.09.01	PC/CR	423×587
	AN.5259-14	III-3-A-14	近鉄賢島駅設計図 北駅立面図その2	5	1/200	mk	1969.09.01	PC/CR	423×586
	AN.5259-32	III-3-B-2	近鉄賢島駅改良工事(駅本体)、詳細図(矩形図)	7-1	1/50、1/20	mk	1969.09.01	PC/CR	420×780
	AN.5259-50	III-3-B-20	志摩線改良工事のうち賢島駅建築関係工事 集改札前上屋詳細図	33	1/50	-	1969.10.30	PC/CR	422×778
	AN.5260-79	X-165-35	鉄骨詳細図(その1)	150	1/20	mae/T.M.	1969.09- (REV.1970.04.01)	PC/CR	549×796
近映レジャービル・アポロ (1972年)	AN.5266-75	X-168-1	附近見取図	1	1/6,000、1/1,000	T.M	[s]45.10.16	PC/CR	421×594
	AN.5266-89	X-168-15	1階平面図	11	1/200	-	[s]46.10.23	PC/CR	554×800
	AN.5266-95	X-168-21	4階平面図	14	1/200	-	[s]46.03.29	PC/CR	415×565
	AN.5266-105	X-168-31	9階平面図	19	1/200	-	s.a.	PC/CR	414×815
	AN.5266-109	X-168-35	11階、12階平面図	21	1/200	-	s.a.	Dpc	418×566
	AN.5266-116	X-168-42	断面図(4)	26	1/200	T.M	[s]46.03.29	PC/CR	422×593
	AN.5266-117	X-168-43	北面(正面)立面図(1)	27	1/200	T.M	[s]46.11.02	PC/CR	425×554
	AN.5264-32	III-9-A-32	近映アポロビル-断面図(2)	16	1/300	-	[s] 45.01.10	PJ/CR	421×554
	AN.5264-39	III-9-A-39	アポロビル-立面図	25	1/200	-	[s] 45.02.14	PC/CR	419×600
	AN.5264-44	III-9-A-44	アポロビル-1FL平面図	9	1/200	-		PC/CR, TO	546×844
	AN.5265-42	III-9-C-42	S.T.[立面図スケッチ(2)]	41	1/200	-	s.a.	PC/CR	612×424
	AN.5265-43	III-9-C-43	S.T.[立面図スケッチ(3)]	43	(1/200)	-	s.a.	PC/CR	778×423
都ホテル大阪 (1985年)	-	V-17-C-10	都ホテル大阪新築工事 1階平面図(1)	8	1/300	AK	s58	PC/CR	595 ×839
	-	V-17-C-14	都ホテル大阪新築工事 3階平面図(1)	12	1/300	AK	s58	PC/CR	594 ×839
	-	V-17-C-30	都ホテル大阪新築工事 北立面図	28	1/300	AK	s58	PC/CR	595 ×841
	-	V-17-C-32	都ホテル大阪新築工事 東西立面図	30	1/300	AK	s58	PC/CR	595 ×839
	-	V-17-C-33	都ホテル大阪新築工事 矩計図(1)	31	1/50	AK	s58.4.25	PC/CR	595 ×839
	-	V-17-C-35	都ホテル大阪新築工事 矩計図(3)	33	1/50	AK	1983.04.25	PC/CR	595 ×840
	-	V-17-C-47	都ホテル大阪新築工事 ロビー、吹抜廻り展開図(4)	44	1/100	AK	s58.4.25	PC/CR	593 ×838
	-	V-17-C-58	都ホテル大阪新築工事 5階屋上 和室棟 平面図、屋根伏図、天井伏図	55	1/100	AK	s58.4.25	PC/CR	595 ×840

略語表 S .T .: 題名なし、SN:図面番号、s.a.:年表記なし、PP:画用紙、PC:トレーシング・ペーパー、PJ:和紙、PL:便おう箋・普通紙、CT:葉書、 P:メモ用紙、 Pch:カーボン紙、EV:封筒、Phc:フォト・コピー、BP:青図、 Dpc:第二原図、 SP:硫酸紙、 CR:鉛筆、CCR:色鉛筆、 EN:インク、 MQ:マーカー、SB:ボールペン、(N):黒、(R):赤、(B):青・水色、(J):黄色、(V):緑色、(M):紫色、(O):橙色、(MR):茶色、(P):桃色、(BL):白、Aql:水彩、 Gouache:グアッシュ、TO:欠損あり、REV.:修正、DEL:取り壊し、EXT.:竣工、(sic):原文のまま

第14回村野藤吾建築設計図展　関連年表

年代	年齢	近鉄関連の建築作品 (＊は本展覧会で取り上げた作品)	村野藤吾の主な建築作品と動き	建築界の出来事	社会の出来事
1891 (明治24)	0歳		[5月15日　佐賀県に生まれる]	ニコライ堂[ジョサイア・コンドル]	
1918 (大正7)	27歳		[早稲田大学卒業、渡辺節建築事務所入所]		米騒動
1928 (昭和3)	37歳		南大阪教会	聴竹居[藤井厚二] 同潤会上野下アパート[同潤会]	昭和天皇即位の礼
1929 (昭和4)	38歳	＊あやめ池温泉場(現存せず)	[村野建築事務所開設]	CIAM第2回開催「生活に可能な最小限住宅」	世界恐慌
1930 (昭和5)	39歳		[欧米歴訪]	甲子園ホテル[遠藤新]	
1936 (昭和11)	45歳	＊都ホテル(現・ウェスティン都ホテル京都) 5号館(現存せず)	大丸神戸店(現存せず)	日向別邸[ブルーノ・タウト]	2・26事件
1937 (昭和12)	46歳		大庄村役場(現・尼崎市立大庄公民館) 宇部市民会館(現・宇部市渡辺翁記念会館)	パリ万国博覧会日本館[坂倉準三]	日中戦争開始
1939 (昭和14)	48歳	＊橿原神宮駅(現・橿原神宮前駅) ＊都ホテル(京都)宴会場(現存せず)	宇部銀行本店(現・山口銀行宇部支店)	大阪中央郵便局[逓信省営繕課(吉田鉄郎)]	第二次世界大戦勃発
1950 (昭和25)	59歳	＊近映アポロ座(現存せず)			朝鮮戦争開始
1951 (昭和26)	60歳	＊志摩観光ホテル旧館 (現・志摩観光ホテルザクラシック)	やまとやしき百貨店 (現・ヤマトヤシキ姫路店)	神奈川県立近代美術館[坂倉準二]	サンフランシスコ講和条約・ 日米安全保障条約調印
1954 (昭和29)	63歳	＊近鉄会館(現存せず) ＊近映会館(現存せず)	世界平和記念聖堂 (現・カトリック幟町教会)	神奈川県立図書館・音楽堂[前川國男]	
1957 (昭和32)	66歳	＊近鉄百貨店阿倍野店増築(現存せず) ＊アポロ会館(現存せず)	読売会館そごう東京店 (現・読売会館ビックカメラ有楽町店)	東京都庁舎[丹下健三]	
1958 (昭和33)	67歳	＊近鉄百貨店阿倍野店改修(現存せず) ＊都ホテル(京都)スカイルーム(現存せず)	大阪新歌舞伎座(現存せず)	香川県庁舎[丹下健三]	
1959 (昭和34)	68歳	＊都ホテル(京都)佳水園	宝塚ゴルフ倶楽部	国立西洋美術館[ル・コルビュジエ]	伊勢湾台風
1960 (昭和35)	69歳	＊都ホテル(京都)新本館 第1回ハウジングフェア	出光興産谷町給油所(現存せず)	京都会館[前川國男]	日米新安全保障条約調印
1961 (昭和36)	70歳	＊志摩観光ホテル西館(現存せず)		東京文化会館[前川國男]	
1962 (昭和37)	71歳	第2回ハウジングフェア	尼崎市庁舎	軽井沢山荘[吉村順三]	シアトル万国博覧会開催
1963 (昭和38)	72歳	＊名古屋都ホテル(現存せず)	日本生命日比谷ビル(日生劇場)	出雲大社庁の舎[菊竹清訓]	
1964 (昭和39)	73歳	＊近鉄百貨店阿倍野店増築(現存せず) 松山近鉄ホテル計画案	浪花組本社ビル(現・住友実業ビル)	国立代々木屋内総合競技場[丹下健三] 東京カテドラル聖マリア大聖堂[丹下健三]	東京オリンピック開催
1965 (昭和40)	74歳	＊佐伯邸	[日本日比谷ビル(日生劇場)により 日本建築学会賞受賞]	ソーク生物学研究所[ルイス・カーン]	名神高速道路全線開通
1967 (昭和42)	76歳		[文化勲章受章]	親和銀行本店(第1期)[白井晟一]	
1968 (昭和43)	77歳	＊都ホテル(京都)新宴会場・南館(11号館) 第3回ハウジングフェア		千葉県立中央図書館[大高正人]	
1969 (昭和44)	78歳	＊志摩観光ホテル新館 ＊上本町ターミナルビル・近鉄百貨店上本町店 (第1期) ＊近鉄本社ビル	日本ルーテル神学大学 (現・ルーテル学院大学) 西宮トラピスチヌ修道院 (シトー会西宮の聖母修道院)	国立近代美術館本館[谷口吉郎] ヒルサイドテラス第1期[槇文彦]	
1970 (昭和45)	79歳	＊賢島駅	高橋ビル本館(現・アールビル本館)	日本万国博覧会お祭り広場[丹下健三ほか]	日本万国博覧会開催
1972 (昭和47)	81歳	＊近映レジャービル・アポロ (現・きんえいアポロビル)	[日本建築学会大賞受賞]	中銀カプセルタワービル[黒川紀章]	沖縄返還
1973 (昭和48)	82歳	＊上本町ターミナルビル・近鉄百貨店上本町店 (第2期)		シドニー・オペラハウス[ヨーン・ウツソン]	
1975 (昭和50)	84歳	新・都ホテル	西山記念会館(現存せず)	群馬県立近代美術館[磯崎新]	ベトナム戦争終結
1979 (昭和54)	88歳	都ホテル東京(インテリア設計)	八ヶ岳美術館・原村歴史民俗資料館		
1981 (昭和56)	90歳	辻本邸	南大阪教会改築	渋谷区立松濤美術館[白井晟一]	
1983 (昭和58)	92歳	＊志摩観光ホテル増築(宴会場)			
1984 (昭和59)	93歳		[11月26日　逝去]	AT＆Tビル[P.ジョンソン] TIME'S[安藤忠雄]	
1985 (昭和60)		＊都ホテル大阪(現・シェラトン都ホテル大阪)			
1988 (昭和63)		＊都ホテル(京都)新館			

注記：作品は竣工年に基づいて並べた。

(作成：福嶋啓人)

謝　辞

本展開催およびカタログ制作にあたり、下記の方々をはじめ、
関係諸機関にご協力を賜りました。ここに記し、深く感謝の意を表します。

中山　勉	新井英明	MURANO design	ウェスティン都ホテル京都
酒井一光	岡本光司	タイラ・ホート	大林組
村野美千子	奥　啓介		近畿日本鉄道
村野朋子	小泉　義		きんえい
多比良誠	里見真志		近鉄グループホールディングス
	菅原通子		近鉄・都ホテルズ
	高見陽仁		志摩観光ホテル
	西田幸広		シェラトン都ホテル大阪
	平野義典		松伯美術館
	藤井伸子		
	溝口今日子		
	森中一彦		
	安田伝人		
	山田　勉		

(敬称略)

追　悼

京都工芸繊維大学名誉教授の竹内次男先生が2016年9月16日に逝去されました。
竹内先生は、京都工芸繊維大学美術工芸資料館館長や村野藤吾の設計研究会委員
長も務められました。村野藤吾の図面資料の受け入れや整理作業を先頭に立って
進めてその後の研究の根幹をつくりあげ、さらには村野藤吾建築設計図展を軌道
に乗せるなど、多大なる貢献をされました。ここに深く追悼の意を表します。

主催者

The 14th Togo Murano Architectural Drawing Exhibition
–Togo Murano and Client: through his works for Kintetsu–

Table of contents

Frontispiece photo: Yasushi Ichikawa and Toshio Taira
Greetings
Table of Contents
Essay: Patronage for Togo Murano: focusing on Kintetsu Railway Co. Ltd., by Junichiro Ishida

——Works

Ayameike Hotsprings (1929)
Essay: Origin of Connection with Kintetsu, by Junichiro Ishida

Miyako Hotel (today's The Westin Miyako Kyoto, 1933-88)
Essay: Accumulated Form of Welcoming Guests, by Junichiro Ishida

Kashiharajingu Station (today's Kashiharajingu-mae Station, 1939)

Apollo Theater (1950)
Essay: Theater as a Commercial Building, by Masaru Kotanigawa

Shima Kanko Hotel (1951/69/83)
Essay: Path of "Glorious" Shima Kanko Hotel in History, by Kazunori Fukuhara

Kintetsu Kaikan Building (1954)
Essay: Pride of an Architect Placed in the 1%, by Hiroshi Matsukuma

Kin-Ei Kaikan Building (1954)

Kintetsu Department Store Abeno Main Store (1957/58)
Essay: Architect as a Client: Togo Murano in Kintetsu Department Store Abeno Main Store, by Kazuto Kasahara

Nagoya Miyako Hotel (1963)
Essay: by Akira Kakuda

Saeki House (1965)
Essay: The Katsura Imperial Villa in 1965: Drawn line of Saeki House, by Hidetoshi Adachi

Uehonmachi Terminal Building, Kintetsu Department Store Uehonmachi Store (1969/73)
Essay: Materials and Windows Expressing High-end Department Store, by Naoki Hirai

Kintetsu Railway Headquarters Building (1969)
Essay: Within Rhythmical Beauty, by Mitsuhiro Toyoda

Kashikojima Station (1970)
Essay: "Gateway" of Shima Resort, by Kazuo Nishijima

Kin-Ei Leisure Building Apollo (today's Kin-Ei Apollo Building, 1972)
Essay: Rebirth of Urban Icon, by Takuya Miyake

Miyako Hotel Osaka (today's Sheraton Miyako Hotel Osaka, 1985)

Interview with Tsutomu Nakayama: Kintetsu and Togo Murano
Interviewer: Junichiro Ishida, Hiroshi Matsukuma, Kazunori Fukuhara and Kazuto Kasahara

Interview with Kazumitsu Sakai: Togo Murano and Kintetsu
Interviewer: Junichiro Ishida and Kazuto Kasahara

List of drawings included in the exhibition
Togo Murano chronology
Acknowledgments
English table of contents / English summary

Cover photo: Shima Kanko Hotel (1951/69/83), taken by Yasushi Ichikawa (2016)
Back cover photo: Miyako Hotel (today's The Westin Miyako Kyoto, 1933-88), taken by Yasushi Ichikawa (2016)

Photogravure:
1. Miyako Hotel (today's The Westin Miyako Kyoto), banquet hall (1939), taken by Toshio Taira
2. Miyako Hotel (today's The Westin Miyako Kyoto), Kasuien (1959), taken by Yasushi Ichikawa (2016)
3. Miyako Hotel (today's The Westin Miyako Kyoto), New main building (1960), taken by Yasushi Ichikawa (2016)
4. Kashiharajingu Station (today's Kashiharajingu-mae Station, 1939), taken by Yasushi Ichikawa (2011)
5. Shima Kanko Hotel, old wing (1951), taken by Yasushi Ichikawa (2016)
6. Shima Kanko Hotel, new wing (1969), taken by Yasushi Ichikawa (2016)
7. Shima Kanko Hotel, new wing (1969), taken by Yasushi Ichikawa (2016)
8. Kintetsu Kaikan Building (1954), taken by Toshio Taira
9. Kin-Ei Kaikan Building (1954), taken by Toshio Taira
10. Kintetsu Department Store Abeno Main Store (1957/58), taken by Toshio Taira
11. Nagoya Miyako Hotel (1963), taken by Toshio Taira
12. Saeki House (1965), taken by Yasushi Ichikawa (2016)
13. Kintetsu Railway Headquarters Building (1969), taken by Yasushi Ichikawa (2016)
14. Kashikojima Station (1970), taken by Yasushi Ichikawa (2016)
15. Kin-Ei Leisure Building Apollo (today's Kin-Ei Apollo Building, 1972), taken by Yasushi Ichikawa (2016)
16. Miyako Hotel Osaka (today's Sheraton Miyako Hotel Osaka, 1985), taken by Yasushi Ichikawa (2016)

Summary

On this occasion, we are holding the "14th Togo Murano Architectural Drawing Exhibition–Togo Murano and Client: through his works for Kintetsu–".

Togo Murano (1891-1984) left numerous architectural works during a period from the prewar to postwar time. There are many works that were continuously or intermittently ordered by the same clients. Major companies located in Osaka and Tokyo had been Murano's clients over many years, and supported Murano's rich architectural works.

Representative companies include Nakayama Steel Works, Ltd., Yuasa Shindoh, Daimaru (today's Daimaru Matsuzakaya Department Stores Co. Ltd.,), Takashimaya Co., Ltd., Osaka Shosen (today's Mitsui O.S.K. Lines, Ltd.), Kawasaki Shipyard (today's Kawasaki Heavy Industries Ltd.), and Seibu Railway Company, Ltd. However, Kintetsu Railway had been a special client for Murano for about 50 years from the prewar to postwar period.

Murano designed various buildings from the headquarters building to railway stations, department stores, hotels, theaters, movie theaters, and houses. Many of them were urban facilities receiving a lot of visitors. It can be said that these architectural spaces express Murano's answer to a challenging question: how to meet a client's requirements and welcome guests while being based on economic rationality.

In this exhibition, we focused on the relationships between Murano and his clients, taking Kintetsu as an example. Then we consequently intended to examine an important/major yet overlooked theme of "modern architecture and clients". It will be our pleasure if you could experience the world of Murano through our materials, including our photos of the existing buildings, original drawings, and models.

Finally, we deeply appreciate parties from the Kintetsu Group, who kindly provided precious materials and permission for taking photos in order to hold this exhibition.

March, 2017
The Organizers

第14回村野藤吾建築設計図展

村野藤吾とクライアント──近鉄の仕事を通して

会期：2017年3月21日－6月10日

村野藤吾の設計研究会

委員長

石田潤一郎（京都工芸繊維大学教授）

委員

安達英俊（安達英俊建築研究所）

上林　功（スポーツファシリティ研究所）

大平滋彦（竹中工務店大阪本店設計部）

奥藤圭造（住環境デザイン奥藤研究室）

川畑博美（鹿島建設関西支店建築設計部）

神戸嘉也（大林組建築設計部）

小谷川勝（NPO法人まち・すまいづくり一級建築士事務所）

重森千青（重森庭園設計研究室）

砂野秀裕（砂野設計事務所）

豊島匡寿（フクイク）

豊田充広（高松建設東京本店設計本部）

西島業士（NSM建築設計工房）

西村征一郎（京都工芸繊維大学名誉教授）

平井直樹（清水建設技術研究所）

福井康人（フクイアーキテクツデザイン）

福原和則（大阪工業大学教授）

村野　永（MURANO design）

山田雄祐（元大林組建築設計部）

松隈　洋（京都工芸繊維大学美術工芸資料館教授）

中川　理（京都工芸繊維大学教授）

角田暁治（京都工芸繊維大学准教授）

笠原一人（京都工芸繊維大学助教）

三宅拓也（京都工芸繊維大学助教）

故・竹内次男（京都工芸繊維大学名誉教授）

第14回展制作・運営スタッフ

総務

小野木敦紀[1]

副総務

松岡瑛美[1]

会場構成

鈴木悠介[1]

筒井　航[1]

藤田　拓[1]

シンポジウム

橋下卓磨[1]

会計

勝　孝[1]

模型制作監修

櫻本康乃[1]

浦田友博[1]

松本彩花[1]

図面整理

安達英俊

石田潤一郎

角田暁治

笠原一人

小谷川勝

豊田充広

西島業士

平井直樹

福原和則

松隈　洋

三宅拓也

山田雄祐

角田研究室大学院生

石田・三宅研究室大学院生

美術工芸資料館学芸員実習生

会場設営・運営

木村・松隈研究室大学院生

美術工芸資料館学芸員実習生

模型制作

都ホテル5号館（2012年制作）　天野伸弥[3]

都ホテル佳水園（2006年制作）　大谷文男[6]

橿原神宮駅（2012年制作）　的場愛美[3]

志摩観光ホテル（2017年制作）　垰田ななみ[2]

志摩観光ホテル（2017年制作）　二星大輝[2]

志摩観光ホテル（2017年制作）　柏谷　唯[2]

近映会館（2013年制作）　中西洋光[4]

近鉄百貨店阿倍野店（2017年制作）　山田　栞[2]

名古屋都ホテル（2017年制作）　日高真紀[2]

佐伯邸（2017年制作）　稲葉　奏[2]

近鉄本社ビル（2017年制作）　平田梨子[2]

賢島駅（2017年制作）　石田　侑[2]

都ホテル大阪（2007年制作）　森　遼樹[5]

建築写真撮影

市川靖史（京都工芸繊維大学助教）

撮影補助

高野友実

模型写真撮影

四方利和（京都工芸繊維大学技術専門職員）

ポスター・チラシ制作

木村幸央

図面資料整備・データ作成・展覧会マネージメント

中川可奈子（京都工芸繊維大学情報管理課技術補佐員）

[1]　木村・松隈研究室大学院修士課程1回生
[2]　木村・松隈研究室学部3回生
[3]　2012年度学部卒業生
[4]　2013年度学部卒業生
[5]　2008年度学部卒業生
[6]　2007年度学部卒業生

村野藤吾とクライアント──「近鉄」の建築と図面資料

2017年3月21日　初版第一刷発行

京都工芸繊維大学美術工芸資料館・村野藤吾の設計研究会　編

〈監修〉
石田潤一郎

〈総括・編集〉
笠原一人

〈デザイン・装丁〉
長井究衡

〈発行者〉
佐藤今朝夫

〈発行所〉
国書刊行会
東京都板橋区志村1-13-15
電　話　03-5970-7421
ファックス　03-5970-7427
http://www.kokusho.co.jp

〈印刷・製本所〉
株式会社シーフォース
株式会社村上製本所

ISBN978-4-336-06154-6